Werbepsychologie

Alles, was über die Werbe-gestaltung wissen müssen.

Max Mittelstaedt

Inhaltsverzeichnis

Abbildungsverzeichnis

Auf Grund der Druckkosten und der Veröffentlichung im Selbstverlag sind alle Abbildungen in Graustufen gedruckt. Sollten Sie die farbige Abbildung benötigen, kontaktieren Sie mich gerne.

Videoverzeichnis

Das Buch beinhaltet multimediale Inhalte: Zu jedem Kapitel gibt es teilweise mehrere Videos auf YouTube, die über einen QR-Code abspielbar sind. Die Videos sind Erklärvideos und wurden von mir erstellt. Es bleibt also Ihnen überlassen, wie Sie sich die wichtigsten Theorien aus der Werbepsychologie anschauen.

Eine Einleitung

Gerade einmal drei Sekunden hat eine Werbeanzeige Zeit die Werbebotschaft in den Köpfen der Kunden zu platzieren (Meyer-Hentschel, 1993). Hinzu kommt, dass Menschen eine negative Einstellung zu Werbung haben und somit wenig Interesse besteht, sich für sie zu interessieren oder sie aufmerksam zu verfolgen. Viele kennen das Phänomen aus dem Alltag: Das Hin- und Herschalten von Fernsehsendern (sogenanntes „Zappen"), um möglichst viel Werbung zu umgehen, steht exemplarisch für eine solche Einstellung.

Im Social Media Bereich wird lästige Bannerwerbung weggeklickt oder unterdrückt. Plugins (Softwareerweiterungen für den Webbrowser), die eine solche Funktion erfüllen, gibt es zur Genüge. Diese Funktionen haben das Ziel, das Internet werbefreier zu machen.

Die meisten Konsumenten sind nicht an den Produkten oder Marken der Unternehmen interessiert. Es gibt zahlreiche Gründe dafür: (Häusel, 2014, S. 82-83) (siehe auch Abbildung 1)

- Allein in Deutschland werden über 50.000 Marken aktiv beworben.
- Durchschnittlich führt ein Supermarkt 10.000 Artikel.
- Jedes Jahr kommen 26.000 neue Produkte auf den Markt.
- 500 Millionen Webseiten wollen besucht werden.
- Jährlich gibt es zusätzlich 350.000 Printanzeigen und zwei Millionen Werbespots.

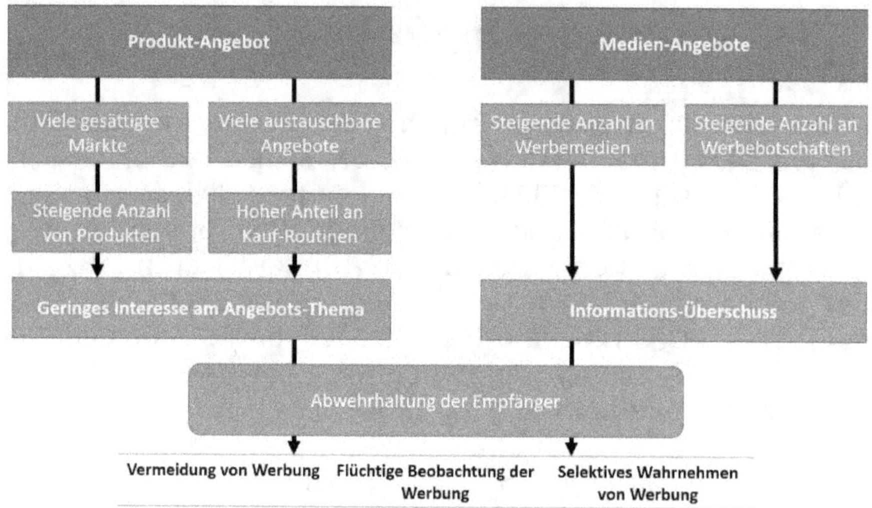

Abbildung 1: Gründe für ein geringes Interesse der Werbeempfänger, eigene Darstellung, Quelle: vgl. (Meyer-Hentschel, 1993, S. 37) & (Esch F.-R. , 1998)

Hat es eine Werbebotschaft geschafft vom Kunden wahrgenommen zu werden, ist es die Frage, ob der Kunde nicht sowieso schon mit Informationen völlig überlastet ist. „Nach einer Berechnung des Instituts für Konsum- und Verhaltensforschung werden in der Bundesrepublik Deutschland weniger als 2% der durch Massenmedien angebotenen Informationen aufgenommen, der Rest landet unbeachtet auf dem Müll. In der Werbung kann man mit einem Informationsüberschuss von 95% rechnen." (Kroeber-Riel, 2003, S. 90) (siehe Abbildung 2) Mindestens ein Drittel der Konsumenten nutzt selbst bei teuren Produkten nur eine Informationsquelle. (Kuß & Tomczak, 2007, S. 116)

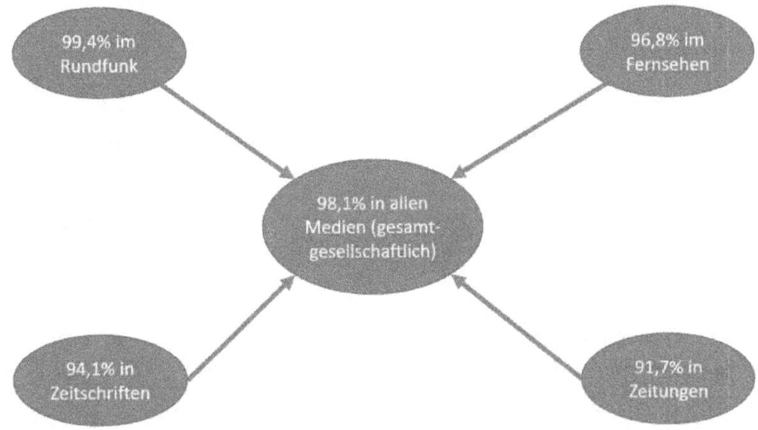

Abbildung 2: Gesamtgesellschaftliche Informationsüberlastung von 98%, eigene Darstellung, Quelle: vgl. (Esch F.-R. , 2010, S. 29)

Der Marketer sollte auch bedenken, dass diese Informations-überlastungen durch das Digitalzeitalter nicht ab-, sondern zunehmen. Das Smartphone ist mittlerweile so weit verbreitet, dass beinahe alle Bevölkerungsgruppen Ziel einer mobilen Marketingmaßnahme werden können. 2018 haben ca. 57 Millionen Menschen in Deutschland das Smartphone benutzt. 8 von 10 Menschen benutzen, laut Studie, in Deutschland ein Smartphone. (Bitkom Research, 2019)

Diese Entwicklungen führen dazu, dass die Chancen und Risiken der Werbung noch nie so hoch waren wie heute. Noch nie zuvor konnte man so viele Menschen so schnell erreichen. Noch nie zuvor war es aber auch gleichzeitig so schwer, die Aufmerksamkeit der Menschen auf eine Werbebotschaft zu lenken und die Werbebotschaft in die Köpfe der Kunden zu bringen. Doch genau diese Funktionen soll die Werbung erfüllen; Rosenstiel und Kirsch schreiben dazu: (von Rosenstiel & Kirsch, 1996, S. 15)

1. Die Werbung muss zunächst von den Empfängern überhaupt beachtet werden.
2. Die Empfänger dürfen die beachtete Botschaft dann auch nicht wieder vergessen.

3. Die Kunden müssen eine positive Einstellung zu dem zu kaufenden Produkt entwickeln.

4. Die Konsumenten müssen genügend Zeit und Energie aufbringen, sich für das Produkt auch wirklich zu interessieren.

5. Die Zielgruppe muss schließlich die Entscheidung fällen, das Produkt tatsächlich zu kaufen.

Kroeber-Riel beschreibt verschiedene Funktionen von Werbung aus der Sicht der Konsumenten. Die Werbung soll: (Kroeber-Riel, 2003)

- Zeitvertreib und Unterhaltung,
- Emotionale Konsumerlebnisse,
- Informationen für Konsumentenentscheidungen,
- Normen und Modelle für das Konsumentenverhalten vermitteln.

Aus diesen Funktionen entstehen enorme Ansprüche an den Marketingmanager und dessen Werbung. Eine Werbeanzeige sollte also interessant, spannend, emotional, informativ und unterhaltsam sein. Doch wie soll man all diesen Ansprüchen gerecht werden?

Die Definition der Werbung, laut Kroeber-Riel, ist vor allem für die Unternehmen von großer Bedeutung: „Werbung wird definiert als versuchte Einstellungs- und Verhaltensbeeinflussung mittels besonderer Kommunikationsmittel." (Kroeber-Riel, 2003, S. 605) Werbung soll also die Konsumenten in ihren Einstellungen und ihrem Verhalten beeinflussen. Doch wie gelingt es einem Unternehmen die angesprochenen Risiken zu umgehen und die Potentiale zu nutzen? Wie sollte man eine Werbung gestalten, um bei dem Konsumenten eine Wirkung zu erzielen? „Ich weiß, dass die Hälfte meiner Werbeausgaben hinausgeworfenes Geld ist", bemerkte Henry Ford einmal, „ich weiß nur nicht, welche Hälfte." (Bauer, Stokburger, & Hammerschmidt, 2006, S. 310).

Wie kann man die Wirkung der Werbung verbessern?

Das ist nur eine von vielen Fragen, die Unternehmen zurzeit beschäftigen. Rosenstiel et al. beschreiben weitere Probleme der Werbung: (von Rosenstiel & Kirsch, 1996, S. 21)

- Werbung muss die Wahrnehmungsschwelle der Konsumenten überwinden.
- Wahrgenommene Werbung wird schnell vergessen.
- Konsumenten haben viele starre Einstellungen und Vorurteile gegenüber Werbung und den darin präsentierten Produkten und Marken.
- Der Konsument betrachtet Werbung oftmals teilnahmslos.
- Konsumenten nutzen eine Vielzahl von Informationsquellen, die das Unternehmen nicht alle kontrollieren kann.

Die Wirtschaftspsychologie hat eine Reihe an Antworten auf diese Fragen und Herausforderungen parat. Bis jetzt war das Einsatzgebiet der Wirtschaftspsychologen hauptsächlich in der Marktforschung, doch inzwischen findet ein Umdenken statt. Denn eines ist klar: Der Erfolg der Werbung hängt vom Kunden ab. Und kein Wissenschaftsfeld kennt sich so gut mit dem Verhalten und der Wahrnehmung des Konsumenten aus, wie die Wirtschaftspsychologie und somit auch die Werbepsychologie.

Die menschliche Wahrnehmung

Dass die menschliche Wahrnehmung für das Konsumentenverhalten entscheidend ist, sollte klar sein. Jedes menschliche (Kauf)Verhalten hat einen Reiz zur Ursache, das Verständnis der Verarbeitung dieser Reize ist also enorm wichtig. Umgebungsreize können unsere Wahrnehmung direkt beeinflussen, wie folgendes Beispiel in der Abbildung 3 zeigt. Die Kreise in der Mitte sind gleich groß. Der Kontext beeinflusst die menschliche Wahrnehmung.

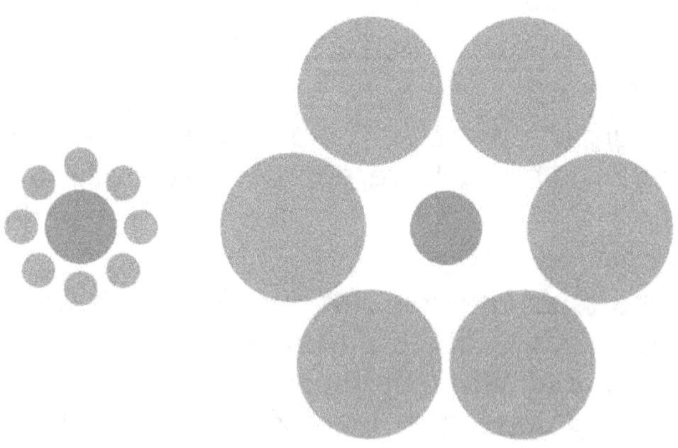

Abbildung 3: Ein menschlicher Wahrnehmungsfehler, eigene Darstellung, Quelle: vgl. (Ariely, 2008, S. 29)

Menschen erkennen Objekte in ihrer Umgebung nur in Relation zu anderen Objekten oder Bezugspunkten. In der Werbung können solche Umweltreize vielseitig sein und umfassen unter anderem andere Preise, andere Kunden, andere Produkte, andere Marken oder ähnliches.

Diese kann man in innere und äußere Reize unterteilen:

Beispiele für innere Reize wären der (eigene) Herzschlag oder Stoffwechselvorgänge. Bei äußeren Reizen spielen Aspekte der Werbung eine wichtige Rolle, z.B. Töne, Bilder oder Texte. (Kroeber-Riel, 2003, S. 70)

Die menschliche Wahrnehmung beruht auf der Verarbeitung von Reizen und besteht laut Felser aus drei Komponenten: (Felser, 2015, S. 28)

- Eine Physikalische, Physiologische und Psychologische Komponente

Zusätzlich sollte man noch zwischen Emotion, Motivation, Stimmung und Einstellung unterscheiden, die für den weiteren Verlauf des Buchs wichtige Begriffe sind.

Als Grundlage für die Verarbeitung in der Werbepsychologie kann das einfache S-O-R Modell dienen (siehe Abbildung 4). Das Verhalten des Kunden (R-Response) reagiert auf bestimmte Reize (S-Stimulus). Zwischen diesen beiden Bereichen des Modells befinden sich die Vorgänge im Kunden selbst (O-Organismus). Insbesondere die Prozesse, die im Kunden ablaufen, sind für die Werbepsychologie von Interesse. (von Rosenstiel & Kirsch, 1996, S. 48-49)

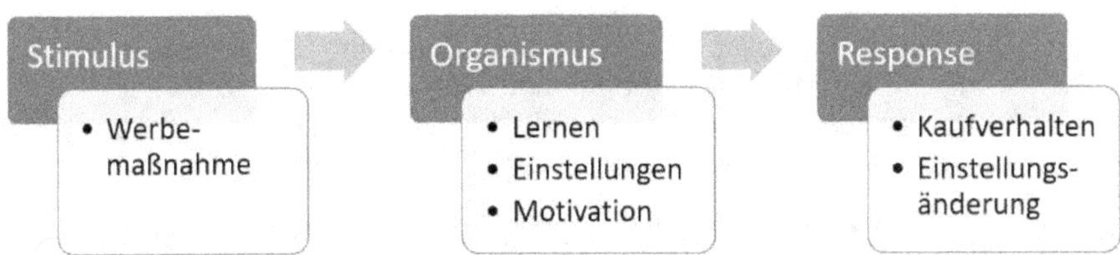

Abbildung 4: Das S-O-R-Modell als Grundlage, eigene Darstellung, Quelle: vgl. (von Rosenstiel & Kirsch, 1996, S. 49)

Diese Wahrnehmung von Reizen und der Ablauf von Prozessen können bewusst oder unbewusst im Kunden ablaufen. Dabei wird der Großteil der Reize unbewusst verarbeitet. Es gibt also zwei Verarbeitungssysteme im Gehirn: Ein System (der Pilot), das für kognitive Reaktionen wie Denken und Vernunft zuständig ist und ein System (der Autopilot), das für teilweise unbewusste Reaktionen wie Emotionen oder Einstellungen zuständig ist. (siehe Abbildung 5)

Der Nobelpreisträger Kahneman bezeichnet diese Systeme als „System 1 und 2" (Kahneman, 2012).

Seinem langjährigen Freund und Kollegen A. Tversky möchte ich hiermit auch ausdrücklich für die jahrelange Arbeit danken. Er verstarb leider vor seiner Auszeichnung mit dem Nobelpreis.

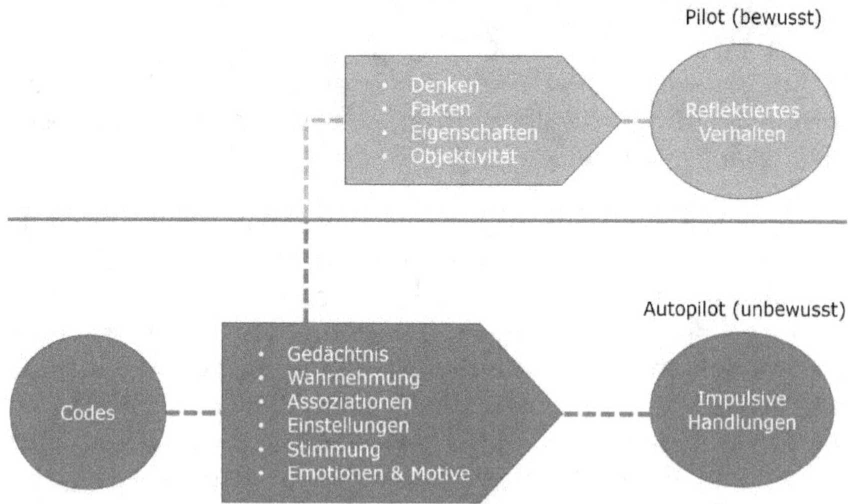

Abbildung 5: Autopilot (System 1) und Pilot (System 2), eigene Darstellung, Quelle: vgl. (Häusel, 2014, S. 84)

Die Aufteilung der menschlichen Wahrnehmung in zwei Systeme erklärt auch, dass Kunden Emotionen schneller als Kognitionen wahrnehmen. Dadurch kann der Mensch schnell und reflexartig auf Gefahren reagieren. Eine praktische Anwendung dieser Theorie findet sich in der Bildverarbeitung: Werbebilder werden zuerst emotional wahrgenommen (Autopilot), bevor der Kunde ein Werbebild bewusst verarbeitet. (Häusel, 2014, S. 160)

Die Emotionen

Emotionen sind innere Erregungsvorgänge, die angenehm oder unangenehm empfunden und mehr oder weniger bewusst erlebt werden. Die Emotionen bewerten einen Gegenstand. (Felser, 2015, S. 89) & (Trommsdorff, 2009, S. 59) Außerdem lässt sich die Erfahrung bzw. das Auftreten von Emotionen nicht unterdrücken, lediglich den Ausdruck von Emotionen (Mimik & Gestik) können wir kontrollieren. (Heath, 2012) Konsumenten reagieren auf emotionale Reize weitestgehend ähnlich, da sie automatische Reaktionen auslösen. (Kroeber-Riel, 2003, S. 103)

Izard gibt zehn menschliche Emotionen vor, die in allen Kulturgruppen weitestgehend gleich sind: Interesse, Freude (Vergnügen), Überraschung (Schreck), Kummer (Schmerz), Zorn (Wut), Ekel (Abscheu), Geringschätzung, Furcht, Scham und Schuldgefühl. (Izard, 1999, S. 66) & (Trommsdorff, 2009, S. 62)

Zusätzlich unterscheiden sich Emotionen in den vier Dimensionen: (Kroeber-Riel, 2003, S. 105) & (Kuß & Tomczak, 2007, S. 48)

- Erregung (Aktivierung):
  Werbung, die emotionale Aspekte beinhaltet, aktiviert die Konsumenten. Die Konsumenten nehmen dann mehr Inhalte auf, besitzen eine schnellere Informationsverarbeitung und speichern die Werbebotschaft besser. (Kroeber-Riel, 2003, S. 114)

- Richtung (positiv, negativ):
  Positive wie negative Emotionen haben die Möglichkeit, Menschen zu beeinflussen. Negative Emotionen aktivieren oft eine stärkere Reaktion beim Kunden, eignen sich jedoch nicht, um den Kunden zu konditionieren und das Markenimage zu verbessern.

- Qualität (Erlebnis):
  Produkte müssen sich in der modernen Konsumgesell-
  schaft nicht mehr nur über den Grundnutzen, sondern
  auch über den Zusatznutzen differenzieren. (Für eine
  Übersicht zum Grund- und Zusatznutzen, siehe Mittelstaedt, 2019a) Die emotionalen Zusatznutzen sind
  wichtige Kaufgründe für den Kunden. Werbebotschaften, die Erotik, soziale Anerkennung, Freiheit, Abenteuer, Natur, Gesundheit, Genuss, Lebensfreude oder
  Geselligkeit beinhalten, werden besonders häufig als
  Zusatznutzen eingesetzt. Die funktionalen Grundnutzen verlieren an Bedeutung. Die Erlebnisorientierung
  mit dem Zusatznutzen rückt in den Fokus der Konsumenten. Der Marketer sollte also aktuelle Wertetrends
  der Gesellschaft im Auge behalten. (Kroeber-Riel,
  2003, S. 115 & 124)

- Bewusstsein:
  Emotionen können dem Kunden unterschiedlich stark
  bewusst sein. Einige Emotionen, z.B. Angst, dringen
  stärker und schneller ins Bewusstsein.

Emotionen spielen eine wichtige Rolle beim Konsumentenverhalten. Anders als Stimmungen können Emotionen eine
Handlung direkt beeinflussen.

Ob man Reue oder Unzufriedenheit nach dem Kauf verspürt,
macht nach der Kaufhandlung einen großen Unterschied: Bei
Reue attribuiert man sein Verhalten mit seiner eigenen Fehlentscheidung. Man gibt sich selbst die Schuld an der falschen
Produktauswahl und möchte diese schnellstmöglich rück-
gängig machen. Reue führt also eher zu einer anderen Produktauswahl als z.B. Enttäuschung. (Felser, 2015, S. 90)

Emotionen können aber auch positiv auf die Kaufentscheidung wirken. Bestimmte Symbole oder Bilder wecken positive Emotionen bei uns. Auf Uhren werden in Werbeanzeigen
die Zeiger beispielsweise in einem offenen Winkel nach oben
gerichtet platziert (siehe Abbildung 6). Besser wäre noch ein
gebogener und nach oben offener Winkel, damit er einem
Lächeln ähnelt. (Felser, 2015, S. 90)

Abbildung 6: Einsatz von versteckten Emotionen in der Werbung,
freundlicherweise zur Verfügung gestellt von Fossil Group Europe GmbH

Nicht nur bei der Gestaltung von Produkten oder Werbeanzeigen spielen Emotionen eine Rolle. Ein Marketer sollte auch
versuchen emotionale Einkaufserlebnisse zu schaffen. Die
Gestaltung der Einkaufssituation mit der Geschäftsausstat-
tung, Musik, dem Duft und geschulten Verhalten des Perso-
nals hat einen Einfluss auf die positive Empfindung der La-
denatmosphäre des Kunden. (Kuß & Tomczak, 2007, S. 49)

Wie bereits bei den Dimensionen der Emotionen beschrieben, sollte der Marketer versuchen, die Produkte durch emotionale Erlebnisse von der Konkurrenz zu differenzieren. Mit objektiven Produkteigenschaften fällt diese Differenzierung zunehmend schwer. Die Markenerlebnisse (Zusatznutzen) werden eher wahrgenommen als die funktionale Qualität (Grundnutzen). (Kroeber-Riel, 2003, S. 128 & 129) Es gibt kaum noch objektive Qualitätsunterschiede und die Konsumenten sind meistens gering involviert. Eine emotionale Positionierung bietet sich deswegen sehr gut an.

Eine emotionale Positionierung kann man auch für die klassischen Marketingtools, wie z.B. das Positionierungsmodell, verwenden (siehe Abbildung 7). Die emotionalen Beurteilungsdimensionen spannen die Wettbewerbssituation auf, in der sich die einzelnen Unternehmen mit ihrem Angebot platzieren. Jedes Unternehmen kann dabei für ganz bestimmte Zusatznutzen oder emotionale Aspekte stehen.

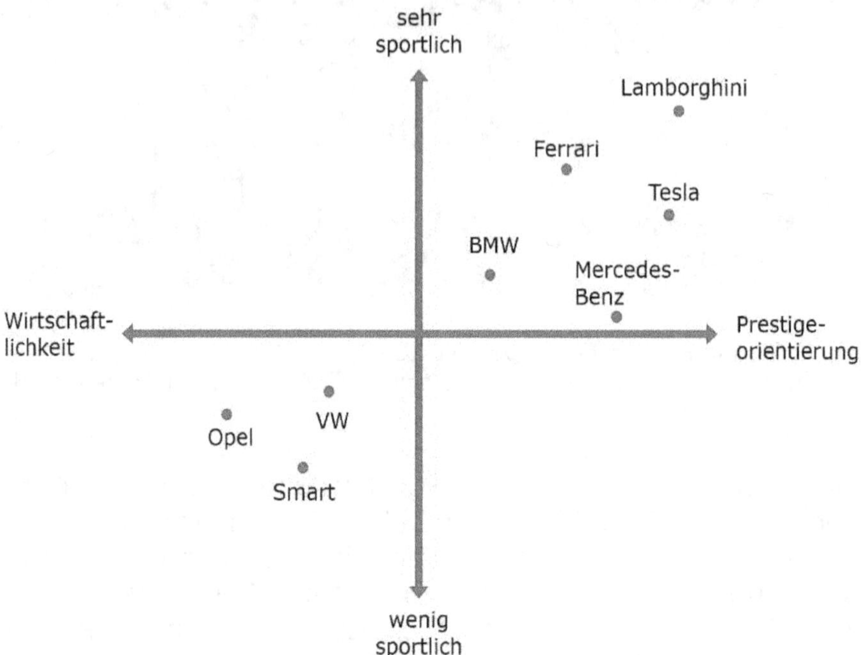

Abbildung 7: Beispiel Positionierungsmodell, eigene Darstellung, Quelle: vgl. (von Rosenstiel & Kirsch, 1996, S. 170)

Aus diesen Positionierungsmodellen leiten sich vier Strategien für den Marketer ab: (von Rosenstiel & Kirsch, 1996, S. 177-178)

- Besondere Merkmale des Produkts werden in der Werbung hervorgehoben.
- Diese Besonderheiten müssen für den Kunden wahrnehmbar und relevant sein.
- Das Produktangebot sollte sich vom Angebot der Konkurrenz abheben.
- Der Marketer sollte eine klare und langfristige Marketingstrategie verfolgen.

Man sollte das Produkt unverwechselbar machen und es von der Konkurrenz abheben. Der USP (Unique Selling Proposition) wird klar und deutlich beim Kunden kommuniziert. Das Produkt positioniert sich bestenfalls in einer erfolgreichen Nische und wird mit Emotionen positiv aufgeladen. (Neumann, 2013, S. 188)

Wann macht es nun überhaupt Sinn, emotionale Werbung einzusetzen? (von Rosenstiel & Kirsch, 1996, S. 110)

- Auf gesättigten Märkten, bei denen Qualitätsunterschiede eine geringe Rolle spielen.
- Bei Produkten, die wenig erklärungsbedürftig sind.
- Bei genuss- und erlebnisorientierten Zielgruppen.

Wie kann man das Wissen über die Emotionen und später auch über die Motivationen im Marketing anwenden?

Emotionen und Motive wirken verhaltensaktivierend. Das Produkt oder die Marke kann durch Emotionen aufgewertet werden und eine Kaufhandlung auslösen. (Häusel, 2014, S. 57) Häusel hat zur bildlichen Darstellung unseres Motivsystems die Limbic Map entwickelt. Sie beschreibt einen Motivraum, der aus drei Dimensionen besteht:

	Ziele	Positives Gefühl	Negatives Gefühl
Balance-System	Sicherheit Risikovermeidung Stabilität	Sicherheit Geborgenheit	Angst Furcht
Dominanz-System	Selbstdurchsetzung Konkurrenzverdrängung Status, Macht Autonomie	Stärke Stolz Überlegenheit	Wut Machtlosigkeit
Stimulanz-System	Entdeckung von Neuem Lernen von neuen Fähigkeiten	Freudige Überraschung Prickeln	Langeweile

Abbildung 8: Das Emotionssystem nach Häusel, eigene Darstellung, Quelle: vgl. (Häusel, 2014, S. 58-59)

Aus diesen drei Emotionen ergeben sich noch Kombinationsmöglichkeiten: Balance + Stimulation = Genuss, Balance + Dominanz = Disziplin, Dominanz + Stimulation = Abenteuer. (Häusel, 2014, S. 61) Diese Emotionen sollte man nun über die Werbung ansprechen, um das Produkt richtig zu positionieren. Die Limbic Map von Häusel hilft dabei (siehe Abbildung 9). Der Marketer kann das Unternehmen über die Emotionen des Kunden vom Wettbewerb differenzieren.

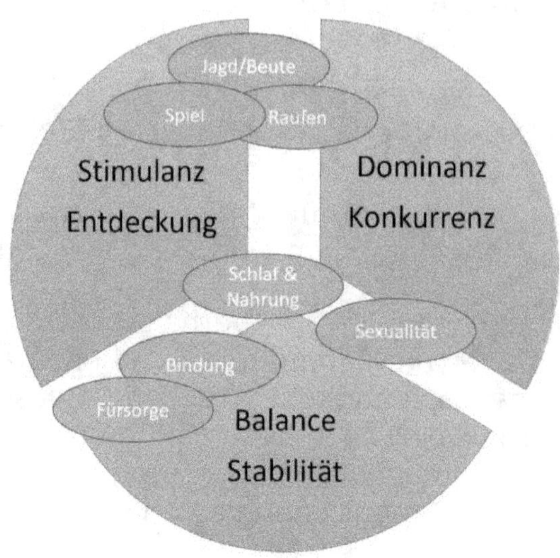

Abbildung 9: Die Limbic Map® von Häusel, eigene Darstellung, Quelle: vgl. (Häusel, 2014, S. 61)

Konsumenten unterscheiden sich in ihrer Persönlichkeits-struktur, daher sollten die Emotionen, die angesprochen werden sollen, auf den jeweiligen Menschentyp angepasst werden. Außer Persönlichkeitsunterschieden gibt es auch soziale und kulturelle Unterschiede, die die richtige Auswahl der Emotionen und Motive für die Werbung beeinflussen. (Häusel, 2014, S. 203) Diese Erkenntnisse kann man im Marketing nutzen, um das richtige Markenimage beim Kunden aufzubauen, das Produkt multisensorisch am Point-of-Sale zu platzieren und die Werbebotschaft emotionsgerecht zu formulieren. Es sollten also möglichst viele Sinne des Kunden am Verkaufsstand oder Verkaufsregal angesprochen werden.

Video 1: Emotionen in der Werbepsychologie

Die Motivation

Die Motivation besteht aus Emotionen und Trieben, die mit einer Zielorientierung in Bezug auf das Verhalten verbunden sind. Motivationen müssen dem Konsumenten nicht bewusst sein, können aber durch Untersuchungen und Nachfragen ermittelt werden. Eine Motivation hat eine Handlung zur Folge. (Felser, 2015, S. 89) & (Trommsdorff, 2009, S. 108) Sie soll die Frage nach dem Warum klären. (Kroeber-Riel, 2003, S. 141)

Marken sind für den Kunden Belohnungsreize und wecken beim Konsumenten bestimmte Belohnungsvorstellungen. (Mittelstaedt, 2019a) Damit ein Reiz einen Belohnungswert hat, sollte er sich auf die Ziele, Motivationen, Wünsche und Bedürfnisse der Zielgruppe beziehen. Motive und die damit einhergehende Motivation können durch Werbung oder Verkaufstechniken geweckt werden: Beispielsweise kann man durch „Probierhäppchen" im Lebensmittelgeschäft ein subtiles Hungergefühl wecken. (Felser, 2015, S. 99 & 101) Eine Werbestrategie, die auf die Nutzung der Motivation zurückgreift, sollte zuerst eine Emotion aktivieren / verstärken und dann deutlich machen, dass das Produkt / die Marke zu Realisierung dieser Emotion beiträgt. Der Konsument lernt diese Verknüpfung von Emotion und Marke / Produkt nicht nur durch die Werbeanzeige an sich, sondern auch durch Belohnungsvorstellungen, die durch die angenehmen Konsumerlebnisse entstehen. (Kroeber-Riel, 2003, S. 148 & 158)

Unter den Motiven zählen die biologischen Triebe und die angeborenen Emotionen als besonders starke Antriebskräfte. (Kroeber-Riel, 2003, S. 143)

Die Grundidee der Motivation ist, dass der Mensch immer versuchen wird, sich selbst und seine Spezies am Leben zu halten. Das Überleben kann also als stärkstes menschliches Motiv bezeichnet werden. (Mittelstaedt, 2019b, S. 21)

Eine weitere Möglichkeit, Motivationen zu klassifizieren, besteht in der dualen Zweiteilung der Motive. Die Aufteilung trennt zwischen Motiven, die in Zusammenhang mit Lust oder Schmerz stehen. Der Mensch möchte von etwas weg (Ablehnung) oder zu etwas hin (Zuwendung). Grundsätzlich möchte der Kunde also Schmerz vermeiden und Lust gewinnen. (Mittelstaedt, 2019b, S. 21)

Auch in der Psychologie gibt es einige grundlegende Motivsysteme, wie z.B. die Bedürfnispyramide von Maslow oder die Dreiteilung der Motive in: Leistung, Macht und Anschluss (siehe Abbildung 10). Alle Motivtheorien haben aber für die Werbung dieselbe Implikation: Eine Werbebotschaft kann mit Werbereizen, die zu den Motiven des Kunden passen, aufgewertet werden. Die Werbung sollte also die Motive des Kunden ansprechen und aktivieren (siehe auch Limbic Map). (Felser, 2015, S. 102)

Mc Dougall (Introduction to Social Psychology, 1908)	Murray (Explorations In Personality, 1938)		Maslow (Toward a Psychology of being, 1968)
Flucht	Leistung	Überlegenheit	Physiologische Bedürfnisse
Abwehr	Anschluss	Schmerz-	Sicherheit
Kampf	Auffallen	vermeidung	Soziale Bedürfnisse
Neugier	Empfindsamkeit	Ordnung	Anerkennung / Leistung
Elterliche Pflege	Unterordnung	Spielen	Selbstverwirklichung
Selbsterhaltung	Aggression	Zurückweisung	
	Selbstständigkeit	Annahme von	
	Verständnis	Hilfe	

Abbildung 10: Übersicht Motivsysteme, eigene Darstellung, Quelle: vgl. (von Rosenstiel & Kirsch, 1996, S. 131)

Bei Maslow werden die Bedürfnisse noch nach einem Progressionsprinzip unterschieden: Bedürfnisse auf einer hohen Ebene werden erst wirksam, wenn die Bedürfnisse auf der unteren Ebene befriedigt sind (siehe Abbildung 11). Der Kunde kümmert sich also in erster Linie um seine grundlegenden Bedürfnisse, wie z.B. Hunger, Gesundheit und soziale Normen.

Sind diese sogenannten Defizitbedürfnisse befriedigt, kann er sich mit seinen eigenen Zielen und seiner Selbstverwirklichung beschäftigen. (Kuß & Tomczak, 2007, S. 46)

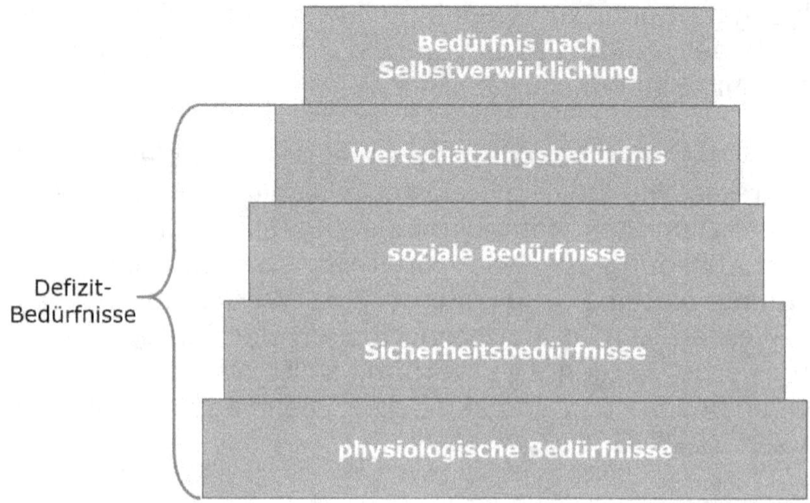

Abbildung 11: Die Bedürfnispyramide von Maslow, eigene Darstellung, Quelle: vgl. (Kuß & Tomczak, 2007, S. 46)

Für die Konsumenten gibt es nun spezielle Konsummotive: Sparsamkeit, Prestige, soziale Zugehörigkeit, Lust, Risikoaversion, Konsistenz, Belohnung, uvm. (Trommsdorff, 2009, S. 114)

Der Kunde braucht nicht unbedingt ein Mangelempfinden, um eine Kaufabsicht zu besitzen. Die grundlegenden Wirtschaftstheorien legen nahe, dass der Mensch vor dem Kauf ein bestimmtes Bedürfnis befriedigen möchte. (Mittelstaedt, 2019a) Grundsätzlich folgen Konsumenten aber der Ansicht, dass zu kaufen besser ist, als es nicht zu tun und damit zu verzichten. Es sollte in der Werbung also ausreichen, ein Verhalten anzuregen, indem man Produkte als Umsetzung eines Ziels darstellt. Ein Bedürfnis muss nicht zwangsweise bestehen. (O'Shaughnessy, 1987)

Als Beispiel führt Felser (2015, S. 103) an, dass die Bekämpfung des Köpergeruchs lange Zeit nicht zur Normalität gehörte und schon gar nicht mit Attraktivität in Verbindung gebracht wurde. Durch die konsequente Darstellung der Nutzung von Deodorant mit dem Ziel gesund, attraktiv und sauber zu sein, hat Werbung einen Anteil an dieser gesellschaftlichen Entwicklung. Wie keine andere Marke setzte „Axe" dieses Ziel konsequent in seiner Werbung ein. (Siehe auch Kroeber-Riel, 2003, S. 494)

Die Vorstellung der Erreichung des (Kunden)Ziels hat dabei eine ähnliche Wirkung wie das tatsächliche Erreichen und weckt positive Emotionen. (Felser, 2015, S. 105) Auch in der Werbung kann man diese Zielerreichung bereits vorwegnehmen, um den Kunden in eine positive Stimmung zu versetzen.

Wenn jemand am Abend schon weiß, dass er am nächsten Morgen früh aufsteht und ins Fitnessstudio gehen möchte, sollte er seine Sporttasche noch am Abend packen. Eine Routine (am Morgen zum Sport zu gehen) kann durch bestimmte Umweltreize (gepackte Sporttasche) automatisch ausgelöst werden, ohne dass kognitive Prozesse (Ausreden) in die Quere kommen.
Diesen Aspekt kann sich die Werbung zu Nutzen machen, indem sie suggeriert, dass eine bestimmte Handlung oder Situation eine andere Handlung zur Folge hat. Die Werbung sollte die Kaufsituation oder den Auslöser zum Konsum so genau wie möglich beschreiben oder vorwegnehmen.

„Knoppers" nutzt in seiner Werbung diesen Aspekt, um Kunden zum Verzehr der gleichnamigen Schokowaffel „9:30 Uhr in Deutschland" anzuregen. Immer wieder werden Personen in der Werbung gezeigt, die genau 9:30 Uhr eine Pause machen und eine Schokowaffel verzehren. (Felser, 2015, S. 107) Es ist allerdings fraglich, ob die Uhrzeit ein hinreichend großer Auslöser ist eine anschließende Kaufhandlung anzukündigen bzw. auszulösen.

Diese mentalen Aspekte spielen auch in der Markenwahl eine große Rolle: Konsumenten nutzen Produkte, um ihr Selbstbild zu verbessern. Die gekaufte Marke soll etwas über den Kunden aussagen. Bestimmte Marken stehen beispielsweise für Exklusivität und Prestige. (Mittelstaedt, 2019b, S. 6)

Der Kunde kauft kein Produkt, um es zu besitzen. Er konsumiert, um ein Problem zu lösen und bestimmte Ziele zu erreichen. Diese Zielerreichung oder Problemlösung sollte man im Marketing und in der Werbeanzeige ansprechen. (Mittelstaedt, 2019a) In der Werbung sollte man ganz klar zeigen, wie das Produkt zur Problemlösung beiträgt.

Video 2: Die Motivation & Das Involvement

Das Involvement

Das Involvement kann auch als Produktinteresse bezeichnet werden. Felser (2015, S. 111) beschreibt das Involvement als: „Maß an innerer Beteiligung sowie Tiefe und Qualität der Informationsverarbeitung" und „als Maß für die kognitive Kontrolle, die der Kunde bei seiner Entscheidung ausübt." Weiter heißt es: „Wie eine bestimmte Marketingmaßnahme auf die Konsumenten wirkt, wird zu großen Teilen davon abhängen, wie involviert die Konsumenten sind." (Felser, 2015, S. 111) Das Involvement ist also eine wichtige Einflussgröße auf das Konsumverhalten. Kroeber-Riel beschreibt das Involvement als: „innere Beteiligung, das Engagement, mit dem sich die Konsumenten der Kommunikation zuwenden." und als: „Ich-Beteiligung oder das Engagement, das mit einem Verhalten verbunden ist, zum Beispiel die innere Beteiligung, mit der jemand eine Kaufentscheidung fällt." (Kroeber-Riel, 2003, S. 92 & 175)
Die große Mehrheit der Konsumenten (ca. 90%) besitzt ein geringes Involvement. (Lachmann, 2002, S. 46)

Das Involvement hat viele verschiedene Einflüsse auf die wirtschaftspsychologischen Anwendungsgebiete: Gering involvierte Konsumenten nehmen beispielsweise Informationen aus der Werbung nur flüchtig und mit geringer Aufmerksamkeit wahr. (Kroeber-Riel, 2003, S. 92)

Beim Produkt-Involvement geht es um die wahrgenommene persönliche Relevanz eines Produkts. Es sollte demnach die Bedürfnisse und Werte des Kunden ansprechen, um den Kunden zu involvieren. (Kuß & Tomczak, 2007, S. 74)

Das Involvement ist eine relativ starre Einflussgröße, die sich durch Werbung kaum ändern lässt. Das Involvement besteht aus mehreren Aspekten, darunter sind auch situative oder persönliche Faktoren, die das Involvement der Konsumenten bestimmen.

Lediglich das reizabhängige Involvement (siehe Werbegestaltung) kann durch die Werbung beeinflusst werden, spielt allerdings eine untergeordnete Rolle bei der generellen Stärke des Involvements. (Kroeber-Riel, 2003, S. 92)

Wie lässt sich nun das Involvement der Kunden erhöhen? (Lachmann, 2002, S. 238) & (Kuß & Tomczak, 2007, S. 80)

- Ein hohes Involvement kann man durch eine aktive Ansprache der Kunden, z.B. im Internet, erzielen. Persönliche Kommunikation führt zumeist auch automatisch zu hohem Involvement. Das gilt auch für Konsumenten, die zuvor gering involviert waren. Man kann die Kunden in einer Werbeanzeige direkt ansprechen.
- Produktdifferenzierung: Innovationen oder die Herausstellung einer einzigartigen Produkteigenschaft können das Produkt-Involvement des Kunden im Vergleich zu ähnlichen Produkten erhöhen.
- Auch Werbung ist dafür geeignet, ein Produkt gegenüber vergleichbaren Produkten hervorzuheben. Testimonials oder Influencer können das Produkt-Involvement erhöhen.
- Eine bekannte Marke, die mit großem Involvement wahrgenommen wird, kann mit einem Produkt in Verbindung gebracht werden.
- Es ist wichtig, die Werte und Normen des Kunden anzusprechen. Werbeanzeigen, die sich auf den Kunden bezieht, kann das Involvement erhöhen.

Laut Felser gibt es drei Voraussetzungen, die zu einem geringen Involvement führen: „Niedriges subjektives Kaufrisiko (situativ), geringer Bezug der Konsumhandlung zu persönlichen Werten und keine Identifikation mit den in Frage stehenden Produkten (persönlich)." (Felser, 2015, S. 111) siehe auch (Lachmann, 2002, S. 30)

Kuß und Tomczak unterteilen dieses subjektiv empfundene (Kauf)Risiko noch weiter in: (Kuß & Tomczak, 2007, S. 75)

- Finanzielles Risiko (teure Güter)
- Soziales Risiko (siehe Gruppennormen)
- Psychologisches Risiko (Sorge oder Angst vor einer Fehlentscheidung)

Die Folgen der geringen Involviertheit des Kunden beschreiben die Experten wie folgt: (Felser, 2015, S. 111) & (Heath, 2012) & (Kuß & Tomczak, 2007, S. 75) (siehe Abbildung 12)

- niedrige Aufmerksamkeit (z. B. bei der Rezeption von Werbung),
- keine absichtliche Suche nach Produktinformationen,
- relative Gleichgültigkeit gegenüber Preis- und Qualitätsunterschieden,
- geringe Tiefe in den beteiligten Informationsverarbeitungsprozessen,
- höhere Empfänglichkeit für emotionale Ansprache (im Unterschied zu einer rationalen),
- keine kognitive Kontrolle bei der Urteilsbildung (dadurch auch erhöhte Anfälligkeit gegenüber automatischen und irrationalen Effekten),
- Kommunikationswirkung (z. B. von Werbung) nur bei häufiger Wiederholung,
- nur geringe kognitive Widerstände gegen beeinflussende Kommunikation,
- schwache Gedächtnisspuren für den Vorgang (z. B. Begegnung mit Werbung, Kaufhandlung).

Eigenschaften hohes Involvement	Eigenschaften niedriges Involvement
Aktive Informationssuche	Passive Informationssuche
Aktive Auseinandersetzung mit dem Produkt oder der Marke	Passieren lassen
Hohe Verarbeitungstiefe	Geringe Verarbeitungstiefe
Wenig Beeinflussungsmöglichkeiten	Viele Beeinflussungsmöglichkeiten
Vergleichende Bewertung vorm Kauf	Bewertung der Produkte allenfalls nach dem Kauf
Viele Merkmale werden beachtet	Wenige Merkmale werden beachtet
Wenige akzeptable Alternative	Viele akzeptable Alternativen
Viel sozialer Einfluss	Wenig sozialer Einfluss
Ziel: „Optimierung"	Ziel: „keine Probleme und schnelle Entscheidung"
Markentreue durch Überzeugung	Markentreue durch Gewohnheiten
Stark verankerte, intensive Einstellung	Gering verankerte, flache Einstellung
Hohe Gedächtnisleitung	Geringe Gedächtnisleistung

Abbildung 12: Übersicht hohes vs. niedriges Involvement, eigene Darstellung, Quelle: vgl. (Trommsdorff, 2009, S. 49)

Typische Beispiele für Produktkategorien mit hohem Involvement sind Autos, Häuser, Reisen oder Hobbys. (Kuß & Tomczak, 2007, S. 76)

Typische Beispiele für Produktkategorien mit geringem Involvement sind Leuchtmittel, Haushaltsartikel, Schreibwaren und Lebensmittel. (Kuß & Tomczak, 2007, S. 76)

Der Unterschied zwischen gering und hoch involvierten Kunden beim Kauf von Haushaltsreinigern oder beim Autokauf könnte folgendermaßen aussehen: (siehe Abbildung 14)

	Autokauf (hohes Involvement)	Kauf eines Haushaltsartikels (geringes Involvement)
Art der Informations-verarbeitung	Sorgfältige Abwägung von Produkteigenschaften, Vergleich einer größeren Zahl an Alternativen	Vertrautheit mit einer in der Werbung oder im Supermarkt gesehenen Marke
Art der Informations-aufnahme	Lektüre von Autotests, Probefahrt, Informationsbeschaffung im Internet, etc.	Zufälliger Kontakt mit dem Produkt
Art der Verarbeitung von Werbebotschaften	Studium der technischen Daten und wichtigen Kaufkriterien	Geringes Interesse, eher zufällige Kaufentscheidung
Auswahl der besten Alternative	Aktive und ausführliche Suche nach der besten Alternative	Kauf eines gewohnten Produkts, das ein gutes Preis- / Leistungsverhältnis besitzt.
Beziehung zur Persönlichkeit des Kunden	Selbstbild ist wichtig. Die Markenidentität ist ein wichtiges Kaufkriterium.	Keine Relevanz für das Selbstbild
Einfluss der Sozialpsychologie	Ausrichtung des Kaufs an der sozialen Schicht, Selbstdarstellung	Gruppeneinflüsse haben wenig Einfluss auf die Kaufentscheidung.

Abbildung 13: Vergleich gering vs. hoch involvierte Kunden am Bsp., eigene Darstellung, Quelle: vgl. (Foscht, Swoboda, & Schramm-Klein, 2015, S. 138) & (Kuß & Tomczak, 2007, S. 77)

Hat der Kunde ein hohes Interesse und eine große innere Beteiligung an den Produkten, wird er meistens das Gefühl haben etwas Wichtiges zu kaufen beziehungsweise etwas, mit dem er sich später noch identifizieren kann. Es besteht hierbei ein Zusammenhang zu den Funktionen von Marken: Marken besitzen unter anderem eine Identifikationsfunktion für den Kunden. (Mittelstaedt, 2019b) Zu einem hohen Produkt-Involvement kommt es außerdem, wenn die Kunden davon ausgehen, dass es Qualitätsunterschiede zwischen den Anbietern gibt und es sich lohnt, Preise und Produkte zu vergleichen. Anders ausgedrückt: Wenn der Kunde bei der Kaufentscheidung etwas falsch machen kann. (Felser, 2015, S. 112)

Hierbei könnte man Parallelen zu den Grundlagen im Marketing ziehen: Produkte lassen sich nach ihrem Beschaffungsaufwand sortieren. Produkte mit hohem Beschaffungsaufwand sind mit Preisvergleichen verbunden. Es sind Güter mit hohen Anschaffungskosten, die der Konsument selten kauft. (Mittelstaedt, 2019a)

Auch Produktinnovationen können ein hohes Produkt-Involvement verursachen. (Felser, 2015, S. 113)

Die Werbeanzeige sollte man dem Involvement der Kunden anpassen (siehe Abbildung 14). Durch häufiges Wiederholen der Werbung kann man Kunden erreichen, die gering involviert sind. Bei diesen gering involvierten sollten zudem wenige zentrale Werbebotschaften verwendet werden. Die eigentlichen Argumente für einen Kauf rücken in den Hintergrund, wichtiger ist die Nennung des Markennamens und -logos. Gering involvierte Kunden lassen sich stärker durch Point-of-Sale-Maßnahmen und Sonderangebote beeinflussen. (Kuß & Tomczak, 2007, S. 81)

	Eigenschaften des Marketing bei...	
	hohem Involvement	niedrigen Involvement
Werbeziel	Überzeugen	Oft kontaktieren
Inhalt der Botschaft	Alles Wichtige sagen	Auffallen
Länge der Botschaft	Ausführlich	kurz
Einstellungsänderung über...	Sachliche Argumente	Affektive Reize
Wiederholungsfrequenz	Gering	Hoch
Kommunikationsmittel	Sprache	Multisensorik
Zeigen der Werbung (Zeitpunkt)	In der Entscheidungsphase	Timing unwichtiger, ständige Werbung
Der Marketingmix	Vertrieb, Produktqualität, Preis	Distribution, Point-of-Sale

Abbildung 14: Unterschiede hohes vs. niedriges Involvement im Marketing, eigene Darstellung, Quelle: vgl. (Trommsdorff, 2009, S. 50)

Ein niedriges oder hohes Involvement ist per se nicht gut oder schlecht, dennoch sind die jeweiligen Konsequenzen eines niedrigen oder hohen Involvements zu beachten. Je nach Werbemedien oder Werbeziel kann auch ein niedriges Involvement nützlich sein.

Die Stimmung

Stimmungen sind allgemeiner und nicht so intensiv wie Emotionen. Sie besitzen eine klare positive oder negative Richtung, ohne dass der Kunde dabei einen klaren Auslöser benennen kann. Die Stimmung kann motivierend wirken und einen Einfluss auf unsere Entscheidungen haben und ist somit wichtig für das Konsumentenverhalten (Felser, 2015, S. 89 & 92).

Der Kauf von Produkten hat einen regelrechten Belohnungsfaktor: Bestimmte Marken oder Produkte werden gekauft, um sich selbst etwas Gutes zu tun. (Mittelstaedt, 2019a)
Die Stimmung spielt hierbei eine Rolle, weil Menschen mit schlechter Stimmung eher impulsiv und spontan Produkte wählen und solche Produkte kaufen, die einen belohnenden Effekt haben, z.B. Süßigkeiten. (Mooradian & Olver, 1996)

Auch auf die Produktbeurteilung hat die Stimmung einen Einfluss: Konsumenten beziehen ihre Stimmung in die Produktbewertung ein und bewerten in positiver Stimmung Produkte besser. (Felser, 2015, S. 93) & (Trommsdorff, 2009, S. 64) Man sollte also in einem Verkaufsgespräch oder in der Werbung versuchen, dass sich die Konsumenten in positiver Stimmung befinden. Man könnte dem Kunden ein heißes Getränk anbieten und Werbespots auswählen, die nicht zeitlich nach Nachrichten oder Fernsehsendungen mit negativen Inhalten gezeigt werden. Auch die Erinnerungsleistung nimmt ab, wenn Werbung nach aufregenden Spielfilmen gezeigt wurde. Eine ruhige Umgebung ist das beste Umfeld, damit sich der Kunde an die Werbebotschaft erinnert. (Neumann, 2013, S. 147)

Es gilt zu verhindern, dass dem Konsumenten der Einfluss der Stimmung bewusst wird. Das Bewusstwerden des Einflusses macht die Wirkung der Stimmung zunichte. (Felser, 2015, S. 93 & 137)

Zusätzlich wirkt die Stimmung vor allem bei Kaufhandlungen von Produkten oder Marken, wo die Affekte (Emotionen) einen relevanten Aspekt bei der Kaufentscheidung spielen. Dazu gehören beispielsweise Produkte, die den Genuss steigern oder einen besonders hohen Belohnungswert haben. (Felser, 2015, S. 138)

In positiver Stimmung nutzen Konsumenten vermehrt Heuristiken und Faustregeln für ihre Entscheidungen. Kunden lassen sich in positiver Stimmung einfacher beeinflussen. Die Kunden achten also beispielsweise viel mehr auf die Testimonials, Kundenbewertungen oder Influencer in der Werbung.

In negativer Stimmung hingegen werden Argumente angehört und verglichen, wobei nebensächliche Werbebotschaften in den Hintergrund rücken. Traurige Kunden nutzen mehr Produktinformationen für die Kaufentscheidung als glückliche. (Felser, 2015, S. 93 & 277) & (Trommsdorff, 2009, S. 64)

Video 3: Die Stimmung & Das Embodiment

Das Embodiment

Mimik, Gestik und Emotionen gehören zusammen und be-einflussen sich gegenseitig. Ein Gesichtsausdruck entsteht durch ein emotionales Erlebnis. Aber auch der mit Absicht veränderte Gesichtsausdruck kann einen Einfluss auf die empfundenen Emotionen haben. In der Werbung sollten Pro-dukte so platziert sein, dass sie aus der Sicht des Kunden nutzbar sind. Es macht einen Unterschied, ob ein Produkt für Männer mit einem Fein- oder Kraftgriff gezeigt wird und ob das Smartphone in der Werbung mit einem Zeigefinger oder Daumen benutzt wird. (Felser, 2015, S. 97) Diese unter-schiedliche Bedienung aktiviert wiederum andere mentale Codes und Motive (siehe Abbildung 15).

Touchscreen, einhändig	Tastatur, beidhändig
Spiel, Spaß, leichte Kommunikation, leichte Bedienbarkeit	Kraft, Arbeit, Kontrolle

Abbildung 15: Unterschiedliche Handybenutzung aktiviert andere Motive, eigene Darstellung, Quelle: vgl. (Scheier, Bayas-Linke, & Schneider, 2011, S. 73)

Auf der Abbildung 16 fehlt beispielsweise Besteck, das die Handlung andeutet. Für den Betrachter ist es wichtig, dass er sich in die Handlung hineinversetzen kann. Die Werbung sollte also so gestaltet werden, als würde der Konsument das Produkt aus seiner eigenen Perspektive betrachten. In der zweiten Anzeige (siehe Abbildung 17) von Brot für die Welt wurde das Embodiment schon besser umgesetzt. Hier wurde Besteck platziert, das aus Sicht des Betrachters direkt greifbar ist.

Abbildung 16: Fehlendes Embodiment in der Anzeige, freundlicherweise zur Verfügung gestellt von Brot für die Welt e.V.

Abbildung 17: Werbeanzeige mit Embodiment, freundlicherweise zur Verfügung gestellt von Brot für die Welt e.V.

Man sollte Produkte in der Werbung einladend präsentieren: In der zweiten Werbeanzeige wurde das Embodiment besser umgesetzt. Der Löffel ohne Inhalt ist nach rechts gedreht und somit für die Vielzahl der Rechtshänder direkt greifbar. Die Szene stimmt mit der Perspektive des Betrachters überein und ist haptisch wirksam.

Obwohl Werbung eine einseitige Form der Kommunikation ist, können Werbetreibende versuchen eine Kommunikation mit dem Kunden aufzubauen. Solche Möglichkeiten ergeben sich durch das Zusammenspiel von Marketingmaßnahmen und der Werbegestaltung. (siehe auch Geffken & Kalka, 2001, S. 151) Folgende Werbemaßnahmen kann man in die Werbeanzeige einbauen:

- Coupons
- (aufgeklebte) Postkarten
- QR-Codes
- Rabattcodes
- Servicenummern

Die Aufmerksamkeit

Damit die Werbung überhaupt wahrgenommen wird, muss der Kunde seine Aufmerksamkeit erst einmal auf sie richten. Aufmerksamkeit bedeutet folglich, dass der Kunde eine gewisse Reizauswahl vornimmt. (Lachmann, 2002, S. 21) Der Mensch kann nicht alle Informationen / Reize aufnehmen, die ihn umgeben. Er sucht sich bewusst oder unbewusst aus, worauf er seinen Fokus richtet. Man kann dabei von einer selektiven Aufmerksamkeitssteuerung sprechen. (Felser, 2015, S. 41)

Die Werbung sollte versuchen bestimmte Aspekte der Botschaft in den Vordergrund zu rücken, damit sie die nötige Aufmerksamkeit bekommen. Problematisch ist dabei, dass die Aufmerksamkeit nicht unbegrenzt verfügbar ist. (Felser, 2015, S. 42) Der Konsument kann nicht beliebig viele Werbemedien gleichzeitig oder kurz nacheinander konsumieren, ohne dabei stark selektiv vorzugehen.

Die Aktivierung und Aufmerksamkeitssteuerung nimmt Einfluss auf alle Prozesse der Informationsverarbeitung. (Kroeber-Riel, 2003, S. 78) Aktivierung ist dabei die grundlegende Erregung oder innere Spannung. (Kroeber-Riel, 2003, S. 58) Eine Aktivierung ist notwendig, um Aufmerksamkeit für das Produkt zu erzeugen und kann die Betrachtungszeit eines Objekts verlängern. (Lachmann, 2002, S. 43) Die Aufmerksamkeit sensibilisiert den Konsumenten für bestimmte Reize und somit für bestimmte Aspekte der Werbebotschaft. (Kroeber-Riel, 2003, S. 61) Dabei gilt nicht, dass eine größere Aktivierung und somit eine größere Aufmerksamkeit automatisch besser sind.

Eine mittlere Aufmerksamkeitsspanne ist für den Konsum von Werbung am besten geeignet. (Felser, 2015, S. 42) & (Trommsdorff, 2009, S. 43)

Die Begründung für dieses Prinzip liefert die Lambda-Hypothese, auch Yerkes-Dodson-Gesetz genannt. Dieses Prinzip besagt, dass mit steigender Aktivierung auch die Leistungsfähigkeit und somit die Aufnahmebereitschaft des Konsumenten steigt. (Kuß & Tomczak, 2007, S. 82-83)

Ab einem bestimmten Aktivierungspunkt nimmt die Leistungsfähigkeit jedoch wieder stark ab, es gibt somit einen optimalen Punkt der Aktivierung (siehe Abbildung 18). (Felser, 2015, S. 88)

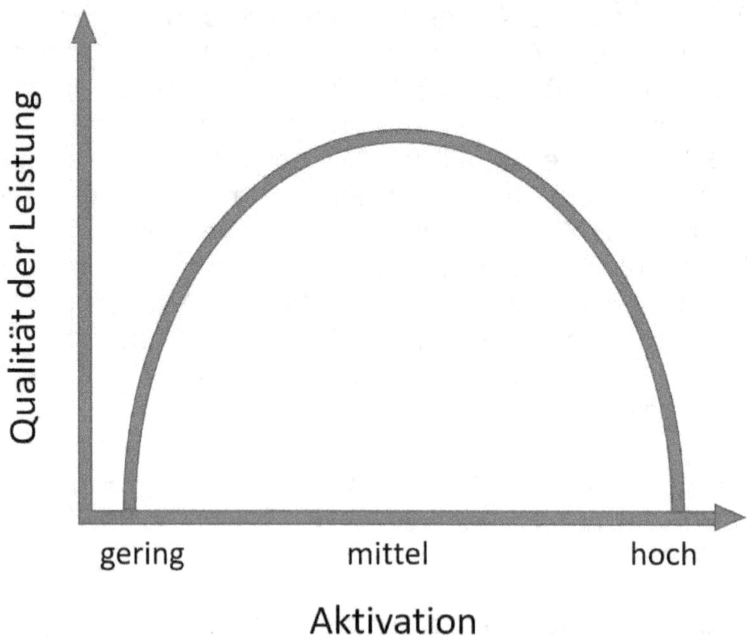

Abbildung 18: Das Yerkes-Dodson-Gesetz, eigene Darstellung, Quelle: vgl. (Felser, 2015, S. 89, & Kroeber-Riel, 2003, S. 79)

Aus dieser Abbildung lassen sich drei Schlussfolgerungen für die Werbung ziehen: (Kroeber-Riel, 2003, S. 80)

- Es ist ein Mindestmaß an Aktivation nötig, sonst liegt die Leistungsfähigkeit bei null.
- Mit zunehmender Leistung steigt die Fähigkeit die Werbung zu verstehen und die Werbebotschaft aufzunehmen.
- Aktiviert die Werbung den Konsumenten zu stark, sinkt dessen Leistungsfähigkeit.

Die letzte Anmerkung ist in der Werbung, so sind sich die Experten einig, vernachlässigbar. (Felser, 2015, S. 89) & (Kroeber-Riel, 2003, S. 80 & 99) Eine normale Werbeanzeige wird es nicht schaffen den Konsumenten zu stark zu aktivieren.

Wie lässt sich eine hohe Aufmerksamkeit beim Kunden auslösen? Trommsdorff formuliert dazu folgende Methoden: (Trommsdorff, 2009, S. 46)

- Einen Stimulus verwenden, der ein physisches Bedürfnis anspricht.
- Einen Stimulus verwenden, der Gefühle auslöst.
- Starke oder ungewöhnliche Stimuli verwenden, die biologische Reflexe auslösen, z.B. Geräusche.

Neumann stellt noch weitere Reize vor, die die Aufmerksamkeitsförderung der Werbung verbessern: (Neumann, 2013, S. 100-101)

- Humor
- Menschen im Allgemeinen und besonders Erotik
- Tiere (Tierbabys)
- Signalfarben
- spezielle Drucktechniken (Haptik-Effekte)
- ausgefallene Überschrift
- überraschende Elemente
- Düfte
- Musik

Mit einer höheren Aktivierung hängt nicht nur eine höhere Leistungsfähigkeit zusammen, eine aktivierende Werbung hat auch einen Einfluss auf die mentale Kontrolle der Argumente. Bei einer hohen Aktivierung werden die Argumente der Werbebotschaft kontrolliert und der Konsument ist geneigt, nach Gegenargumenten zu suchen und den Überzeugungsversuch zu entkräften. (Felser, 2015, S. 42) Zu einem ähnlichen Ergebnis kommt auch Kroeber-Riel: „Wenn man der Kommunikation mehr aktivierende Wirkung gibt, so kann man mit einer effizienteren Verarbeitung der Botschaft, aber nicht unbedingt mit einem besseren Kommunikationserfolg rechnen." (Kroeber-Riel, 2003, S. 82) Ist der Kunde wenig aktiviert, ist er der Werbung gegenüber nur leicht resistent eingestellt und entwickelt keine Gegenargumente. (Heath, 2012)

Dem Marketer muss es also gelingen, einen Mittelweg zu finden: Auf der einen Seite die hohe Aktivierung mit einer guten Informationsverarbeitung und Leistungsfähigkeit der Kunden, auf der anderen Seite die ebenso steigende kritische Haltung des Kunden gegenüber der Werbeanzeige.

Folgende Aspekte sind abschließend zur Aktivierung und Aufmerksamkeit zu beachten:

- Die Aktivierung hat einen positiven Einfluss auf die Informationsaufnahme und – verarbeitung. (Kroeber-Riel, 2003, S. 86) Aktivierende Anzeigen ziehen Blicke auf sich, werden häufiger und länger fixiert. (Witt, 1977) & (Leven, 1986)

- Mit steigender Aktivierung erhöht sich auch die Erinnerungsfähigkeit der Werbung beim Kunden. (Kroeber-Riel, 2003, S. 87) Ist es dem Marketer nicht möglich eine stark aktivierende Werbung zu zeigen, sollte er versuchen die Erinnerungsfähigkeit über die wiederholte und langfristige Ausstrahlung der Werbeanzeige zu steigern. (Kroeber-Riel, 2003, S. 88) Wiederholungskontakte mit der Werbung können die geringe Leistung der Konsumenten bei schwacher Aktivierung kompensieren. (Kroeber-Riel, 2003, S. 93)

- Die Blicke der Kunden werden auf starke Reize gerichtet, lenken dabei aber auch die Aufmerksamkeit von den im Umfeld liegenden Informationen ab. Schlüsselinformationen in der Werbung sollten also aktivierend gestaltet werden, da sonst die Schlüsselbotschaft untergeht. (Kroeber-Riel, 2003, S. 89)

- Um neue Kunden oder Kunden der Konkurrenz zu gewinnen und deren Aufmerksamkeit für das bisher nicht interessante Produktangebot zu gewinnen, ist der Marketer auf Aktivierungstechniken angewiesen.

- Die für die Werbung so wichtige psychische Aktivierung (Farbe, Größenwahrnehmung, etc.) ist ein Prozess, der weitestgehend automatisch ausgelöst wird. (Kroeber-Riel, 2003, S. 91)

- Der Konsument wendet sich selektiv und aktiv einer Werbeanzeige zu. Ist er vielen Werbeanzeigen ausgesetzt, wird er sich auf eine oder einige wenige Werbebotschaften fokussieren. Wichtige und auffällige Reize in der Werbung steuern diese Aufmerksamkeit. (Kroeber-Riel, 2003, S. 61)

- Die Begrenzung der Aufmerksamkeit führt dazu, dass es sehr wichtig ist, welche Werbung der Konsument zuerst betrachtet. Bei der Betrachtung von Werbung wird mit der Zeit Ermüdung beim Kunden einsetzen. Jede Werbebotschaft, die nach einer anderen Werbeanzeige betrachtet wird, bekommt weniger Aufmerksamkeit als die vorherige Anzeige. (Felser, 2015, S. 43)

- Ein Konsument betrachtet eine Werbeanzeige ca. 2 Sekunden lang. (Felser, 2015, S. 43) & (Kroeber-Riel, 2003, S. 92) Die Aufmerksamkeit und Zeit des Kunden sollte als ein knappes und seltenes Gut betrachtet werden. Viele Formen der Komplexität in der Werbung schaden dieser Knappheit.

- Der Werbeerfolg ist größer, wenn die Werbebotschaft effizient verarbeitet und aufgenommen wird. Dieses Ziel erreicht man durch Aktivierung. (Kroeber-Riel, 2003, S. 99)

- Damit sich Werbung gegen die ablenkende Umwelt durchsetzt, sollte sie aufmerksamkeitsstark gestaltet werden. (von Keitz, 1998)

Video 4: Die Aufmerksamkeit

Die Gestaltpsychologie

Bevor das Kapitel der Werbegestaltung die einzelnen Komponenten einer Anzeige genauer unter Lupe nimmt, betrachtet die Gestaltpsychologie die Wirkung der Werbung als Ganzes. Die Werbung als Ganzes ist mehr als die Summe ihrer einzelnen Teile. (Felser, 2015, S. 32) Menschen haben ein natürliches Empfinden von Schönheit. Ähnlich wie die einzelnen Elemente einer Werbeanzeige hat auch die Gestaltung als Ganzes einen Einfluss auf die Wahrnehmung des Menschen. Eine gute Gestalt ist dabei stets von Vorteil. Der Marketer kann von einer Werbeanzeige, die schnell wahrgenommen, erkannt und erinnert wird, nur profitieren. (Felser, 2015, S. 32)

Doch aus welchen Merkmalen besteht eine „gute Gestalt"?

<u>Figur und Grund</u>: Ein Objekt sollte sich von seinem Hintergrund abheben. Bei einer Werbung sollte sofort erkennbar sein, was im Hintergrund und was im Vordergrund steht. Die Werbebotschaft (in Form von Texten oder Bildern) sollte sofort hervorstechen und klare Umrisse aufweisen. (Meyer-Hentschel, 1993, S. 45) Indem man Produkte in der Werbung von einem Hintergrund abhebt, können sie besonders betont werden. Weiße Flächen sind beispielsweise keine Platzverschwendung, wenn dadurch bestimmte Objekte sinnvoll hervorgehoben werden. (von Rosenstiel & Kirsch, 1996, S. 64) Wenn eine Figur sich nicht klar vom Hintergrund abhebt, kann es auch zu Wahrnehmungsschwierigkeiten kommen (siehe Abbildung 19).

Abbildung 19: Rubinscher Becher: Tausch von Hintergrund und Figur, Gesicht oder Gefäß?, eigene Darstellung

Ähnlichkeit: Objekte, die sich ähnlich sind, werden als zusammengehörig wahrgenommen. (Felser, 2015, S. 32)

Geschlossenheit: Eine gute Gestalt hat keine Lücken oder fehlende Teile (Felser, 2015, S. 32). Meyer-Hentschel (1993, S. 45) bezeichnet die Geschlossenheit als Gestaltfestigkeit.

Nähe: Nah beieinander liegende Objekte werden ebenfalls als zusammengehörig wahrgenommen. Die Werbebotschaft wird einem Produkt zugeordnet, wenn sie nah bei dem Produkt platziert ist.

Kontinuität: Vor dem geistigen Auge der Menschen entsteht gerne ein Film: Werden viele Bilder nacheinander gezeigt, fügt der Konsument sie zu einer in sich geschlossenen Geschichte zusammen. Wahrnehmungseindrücke, die zeitlich und räumlich hintereinander liegen, werden als zusammengehörig wahrgenommen.

Erfahrung und Erwartung: „Besswutisen ist lideglcih enie PR-Atkoin uenrses Gheinrs, dmait wir dneekn, wir htäetn acuh ncoh ewats zu sgaen." (Zitat von Allan Snyder)

Der Konsument geht mit Erwartungen und Erfahrungen an eine Werbeanzeige heran. Dieser Kontext beeinflusst, wie im Zitat zu sehen ist, unsere Wahrnehmung.

Tipp: Zum Abschluss des Kapitels über die Wahrnehmung fasst folgendes Zitat einen oft vergessenen Aspekt sehr gut zusammen: „Die besten Wahrnehmungswerte einer Kampagne nutzen nichts, wenn die Werbebotschaft nicht stimmt, wenn die Zielsetzung strategisch falsch ist, die zugrunde liegende Marketing-Konzeption Fehler enthält." (Lachmann, 2002, S. 252) Der Marketingplan hilft dem Marketer dabei diese Marketing-Konzeption im Auge zu behalten. (Mittelstaedt, 2019a)

Video 5: Die Gestaltpsychologie

Die Werbegestaltung

Wie kann man die Erkenntnisse der menschlichen Wahrnehmung mit all ihren Aspekten nutzen, um die Gestaltung von Werbeanzeigen zu verbessern?

Ohne ein Werbe- und Kommunikationsziel, das sich an der Marketingstrategie ausrichtet, kann keine erfolgreiche Werbeanzeige gestaltet werden. Der Konsument hat bei der Betrachtung der Werbung mehrere Werbefilter. Eine Werbeanzeige muss sich gegen eine große Zahl an anderen Werbeanzeigen durchsetzen und die Aufmerksamkeit des Kunden gewinnen. Der Kunde muss sich dann mit der Werbebotschaft auseinandersetzen. Danach muss er die Botschaft akzeptieren und ihr bestenfalls zustimmen. Sind all diese Werbefilter (siehe Abbildung 20) überwunden, soll der Kunde die Botschaft aktiv umsetzten. (Geffken & Kalka, 2001, S. 41)

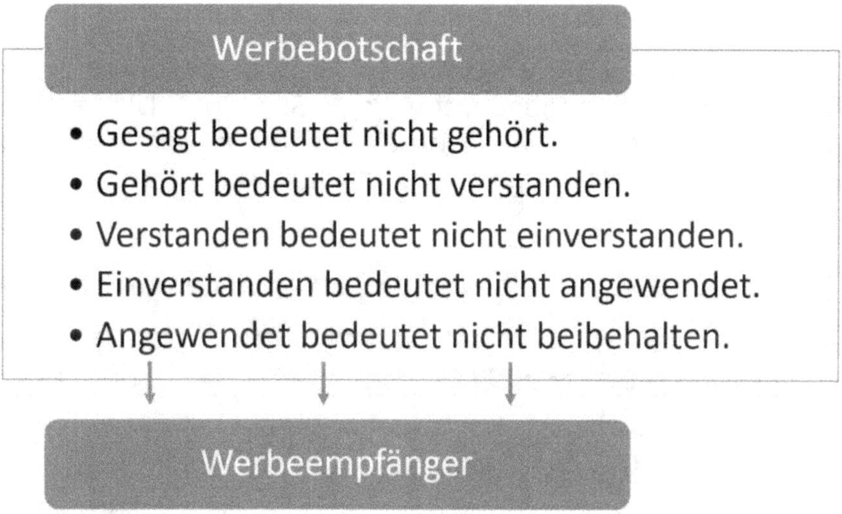

Abbildung 20: Kommunikationsfilter der Kunden, eigene Darstellung, Quelle: vgl. (Geffken & Kalka, 2001, S. 41)

Laut Meyer-Hentschel sollten Anzeigen: „Schnell gesehen, gelesen, verstanden und behalten werden. Sie sollten Ein-stellungen formen und die Kaufentscheidung beeinflussen." (Meyer-Hentschel, 1993, S. 12) (siehe Abbildung 21)

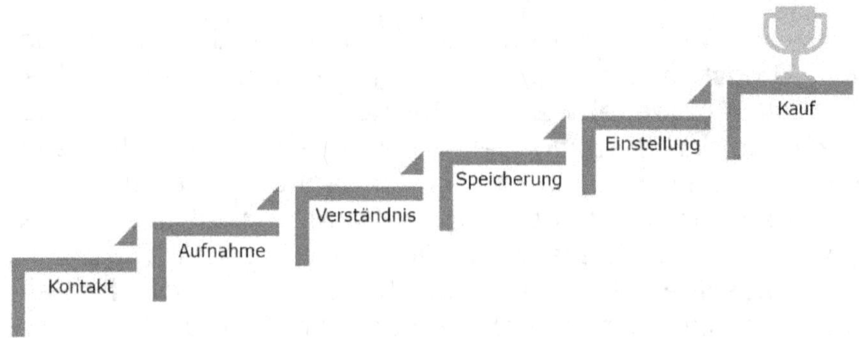

Abbildung 21: Das Modell der Werbewirkung, eigene Darstellung, Quelle: vgl. (Meyer-Hentschel, 1993, S. 22)

Die Werbefilter und der Planungsprozess stehen im Zusam-menhang mit der sogenannten Copy-Strategie. Diese Stra-tegie besagt, dass man Werbebotschaften und Anzeigen prägnant, knapp und eindeutig formulieren und gestalten sollte. (Geffken & Kalka, 2001, S. 42)

Die Copy-Strategie umfasst dabei unter anderem folgende Aufgaben: (Geffken & Kalka, 2001, S. 43)

- Bestimmung der Zielgruppe
- Formulierung der Kommunikationsziele
- Positionierung der Marke
- Den Kundennutzen, Kaufgrund und die Alleinstel-lungsmerkmale formulieren.

Weitere Informationen zur Markenführung oder Positionie-rung finden Sie in (Mittelstaedt, Markenführung einfach erklärt, 2019b) & (Mittelstaedt, Marketing einfach erklärt, 2019a)

Die schnelle Aufnahme einer Werbung ist besonders wichtig: Die eigenen Werbeanzeigen müssen schneller als die konkurrierenden beim Kunden ankommen. Diese Entwicklung sieht er darin begründet, dass die Kunden mit Informationen überlastet sind, es ein geringes Interesse an Werbetexten gibt und die Neigung der Kunden für Bilder und Video steigt (siehe Abbildung 22). (Meyer-Hentschel, 1993, S. 14)

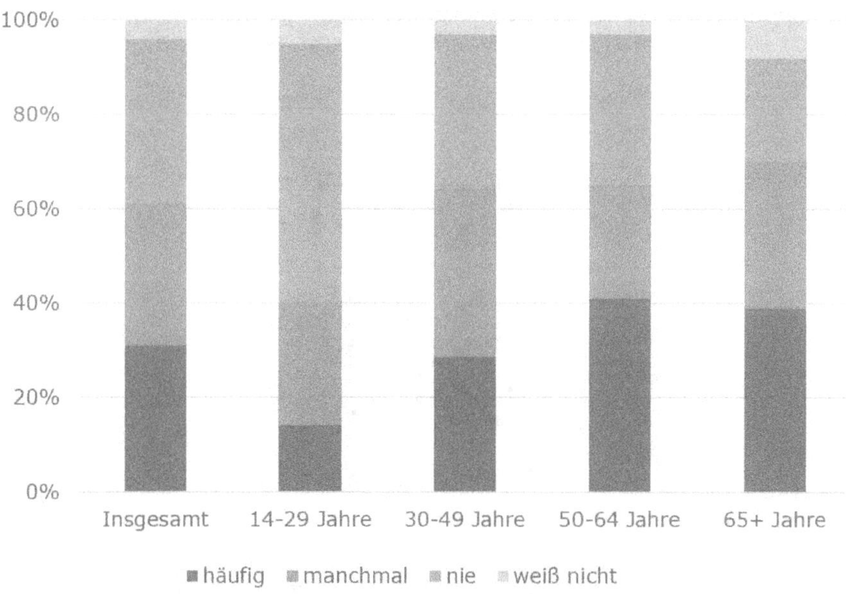

Abbildung 22: Die Reizüberflutung im Alltag, eigene Darstellung, Quelle: (Bitkom, 2011)

Die Informationsüberlastung für die einzelnen Medien gibt einen bemerkenswerteren Ausblick: (siehe Abbildung 23)

Informationsüberlastung in der Bundesrepublik Deutschland

Hörfunk	99,4%
Fernsehen	96,8%
Zeitschriften	94,1%
Zeitungen	91,7%
Werbung	95,0%

Abbildung 23: Informationsüberlastung in der BRD, eigene Darstellung, Quelle: (Meyer-Hentschel Management Consulting, 1987, S. 15)

Video 6: Einführung Werbegestaltung

Viele Aspekte einer Werbeanzeige kann man beeinflussen und verändern. Die Fähigkeit Aufmerksamkeit auszulösen, steigt beispielsweise mit der Kreativität einer Anzeige. (Meyer-Hentschel, 1993, S. 27)

Es folgt eine Übersicht mit den Komponenten einer Werbeanzeige und welchen Einfluss sie auf die Wahrnehmung des Konsumenten haben.

Die emotionalen Reize

Die emotionalen Reize dienen der Aktivierung der Zielperson und basieren auf den biologisch vorprogrammierten Verhaltensmustern des Menschen. Da sich Menschen biologisch ähneln, reagieren sie auch sehr ähnlich auf dieselben emotionalen Reize. (Meyer-Hentschel, 1993, S. 30) Zu den emotionalen Reizen (siehe Abbildung 24) gehören eine Vielzahl von Reizkategorien, wie z.B. Erotik, Angst, Babys, Kinder (siehe Abbildung 25), Gesichter, Humor, etc.. (Für eine Übersicht siehe: Meyer-Hentschel, 1993, S. 30. & Felser, 2015, S. 358.)

Reize	Merkmale
Erotische Reize	Im Vergleich zu den anderen Schlüsselreizen entfesseln erotische Reize die stärksten Aktivierungswirkungen. (Meyer-Hentschel, 1988, S. 30) Allerdings existiert bei ihnen jedoch eine erhöhte Gefahr, dass sie von der ursprünglichen Intention der Werbebotschaft ablenken oder Reaktanz auslösen.
Kindchenschema	Kleine Vögel, Hunde oder Kindergesichter lösen beim Betrachter automatische Reaktionen wie Sympathie und Pflegeverhalten aus. Dabei besagt die „Reizsummenregelung", dass die Übertreibung von kleinkindtypischen Merkmalen (großer Kopf oder Kulleraugen) zu einer Intensivierung des Eindrucks führt. (Eibl-Eibesfeldt, 1987, S. 729ff.)
Archetypische Darstellungen	Ausgehend von den Erkenntnissen der analytischen Psychologie sollen hier Wirkfaktoren, die im Unterbewusstsein des Menschen angesiedelt sind, angesprochen werden. Eine Visualisierung dieser Impulse ist häufig in Traumbildern, Märchenfiguren, Gestalten aus Sagen und mythologischen Erscheinungen zu finden. (Dieterle, 1992)
Körpersprache	Insbesondere die Mimik kann eine Vielzahl unterschiedlicher Emotionen kommunizieren. Als genetisch verankert und universal verständlich gilt das mimische Ausdrucksverhalten für Freude, Ärger, Wut, Ekel, Trauer und Überraschung. (Izard, 1994 & Ekman, 1988)

Abbildung 24: Übersicht biologischer Schlüsselreize, eigene Darstellung, Quelle: vgl. (Kroeber-Riel, 2003, S. 535)

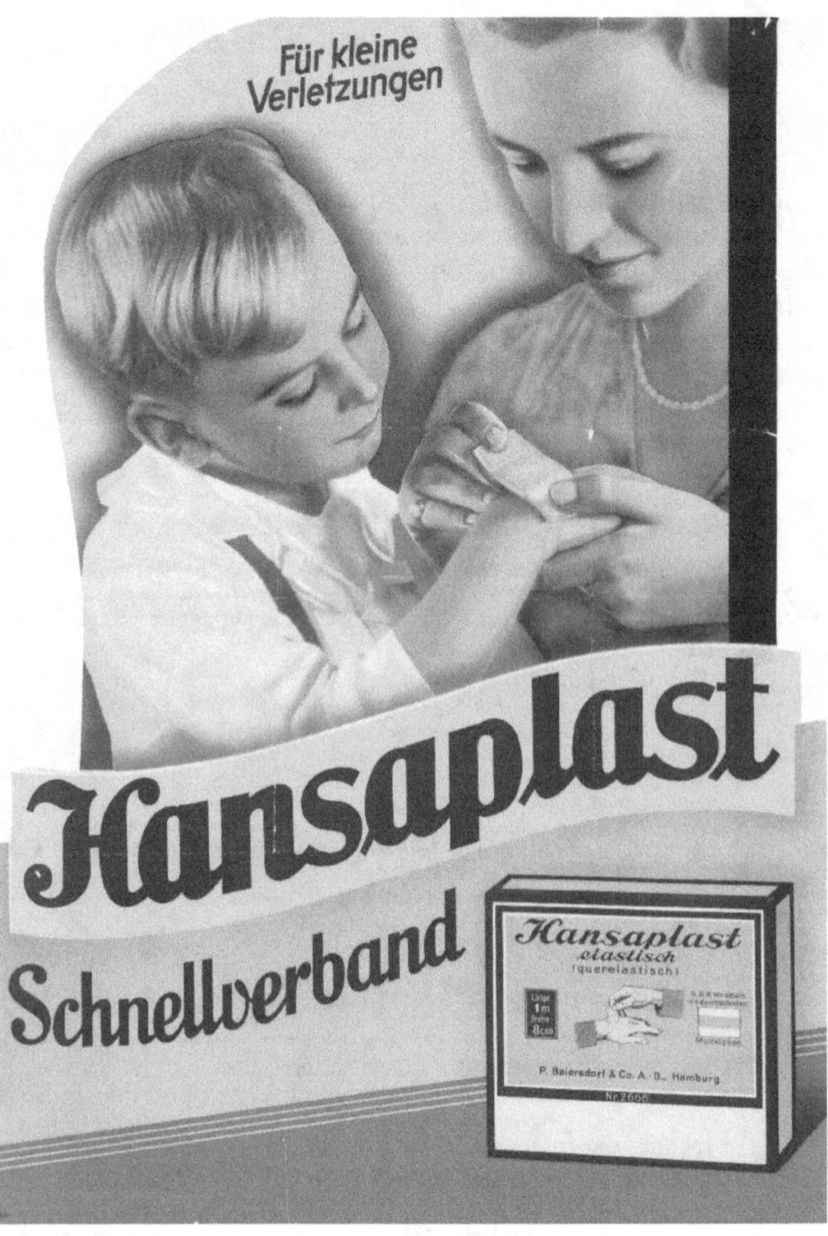

Abbildung 25: Kinder sprechen beispielsweise das Schutzbedürfnis der
Erwachsenen an, freundlicherweise zur Verfügung gestellt von
© Beiersdorf AG

Die erotischen Reize können vielseitig, z.B. über nackte Haut
(Abbildung 27), Romantik oder Andeutungen (siehe Abbildung 26), eingesetzt werden. Geschlechterunterschiede wirken sich dabei gar nicht so stark aus, wie vielleicht zu ver-
muten wäre. Männer und Frauen lassen sich durch erotische
Reize in einem ähnlichen Maß aktivieren: Beide Geschlechter
bewerten in Folge dessen das erotisch aufgeladene Produkt
besser („Sex Sells"). (Felser, 2015, S. 362)

Abbildung 26: Erotischer Reiz durch Andeutung sorgt für Aufmerksamkeit, freundlicherweise zur Verfügung gestellt von true fruits GmbH.

Erotische Reize lenken bei einer bewussten Verarbeitung der
Werbung, die bei interessierten Kunden auftritt, zu stark ab
und verringern somit die Erinnerung an die Werbebotschaft.

Gerade für gering involvierte und uninteressierte Kunden
sind erotische Reize also hilfreich, um den Kunden zu aktivieren: Bei dieser Kundengruppe scheinen sogar unpas-
sende erotische Reize einen positiven Effekt zu haben.
(Felser, 2015, S. 358) Lachmann schreibt über erotische
Reize, dass: (Lachmann, 2002, S. 153-154)

- Erotische Bilder öfter und länger betrachtet werden.
- Erotische Bilder besser erinnert werden.
- Die übrigen Anzeigenelemente unabhängig vom erotischen Reiz gleich lang betrachtet werden.
- Produkte und Marken schlechter erinnert werden als bei einer Werbung ohne einen erotischen Reiz.

Abbildung 27: Dezenter Einsatz erotischer Reize, freundlicherweise zur Verfügung gestellt von © Beiersdorf AG

Auch wenn erotische Werbung fast immer wirkt, gibt es dennoch die Empfehlung eine thematische Nähe zum Produkt herzustellen. Erotische Werbung bei Versicherungen oder Banken ist unangebracht. (Geffken & Kalka, 2001, S. 114)

Auch Tiere können in der Werbung eingesetzt werden und transportieren bestimmte Assoziationen (siehe Abbildung 28). Manche Tiere stehen für ganz bestimmte Attribute: (Geffken & Kalka, 2001, S. 123-124)

- Gecko = Haftung
- Fuchs = Cleverness
- Hund = Familie
- Vögel = Leichtigkeit
- Tiger = Kraft

Abbildung 28: Der Gecko steht für Haftung, freundlicherweise zur Verfügung gestellt von Audi AG, Quelle: Unternehmensarchiv der AUDI AG

Manche Marken werden sogar mit einigen Tieren verbunden. So steht die lila Kuh beispielsweise für die Marke Milka und ruft somit viele weitere Assoziationen hervor.

Die kognitiven Reize

Gedankliche Reize befinden sich meist im Widerspruch zur Gestaltpsychologie. Sie regen zum Nachdenken an, lösen Verwunderung aus oder provozieren. Meyer-Hentschel zählt u.a. folgende Beispiele, die man zu den gedanklichen Reizen zuordnen kann, auf: Überraschung, gedankliche Konflikte, Komplexität oder Verfremdung (Meyer-Hentschel, 1993, S. 40) Da Werbeanzeigen mit gedanklichen Reizen länger verarbeitet werden müssen als emotionale Reize, sollten sie bei Konsumenten mit hohem Involvement eingesetzt werden. (Meyer-Hentschel, 1993, S. 40)

Innovationen wecken die Aufmerksamkeit des Kunden. Die Irritationstechnik kann sich bewusst gegen die Gestaltpsychologie wenden. Die Neuartigkeit sollte man am besten in Kombination mit bekannten Reizen verwenden: Sind zu viele Elemente neu und ungewohnt, wendet sich der Konsument von der Werbeanzeige ab. (Kover, Goldberg, & James, 1995) Bei dieser Aufmerksamkeitstechnik sollte man als Marketer also vorsichtig sein: „Irritation entsteht vor allem, wenn physische intensive Reize als aufdringlich empfunden werden oder wenn überraschende und emotionale Reize dümmlich, peinlich oder geschmackslos wirken. Beispiele dafür sind: Zu laute Musik, grelle Farben, aufdringliche Düfte oder emotionale Reize, die gegen gute Sitten oder moralische Standards verstoßen." (Kroeber-Riel, 2003, S. 77)

Video 7: Die Reizarten in der Werbegestaltung

Der Kontrast

Wenn sich eine Marke oder ein Produkt vom Angebot der Konkurrenz unterscheidet, besteht eine größere Chance Aufmerksamkeit zu erhalten. Der Kontrast zum Umfeld ist also entscheidend: Die Auffälligkeit in der Menge vergleichbarer Angebote. (Andrews, Akhter, Durvasula, & Muehling, 1992)

Die Farbe

Bunte Farben sind Schwarz oder Weiß überlegen. (Kroeber-Riel, 2003, S. 77) Das liegt allerdings hauptsächlich am Kontrasteffekt: Farben fördern den Kontrast und steigern somit die Aufmerksamkeit. (Felser, 2015, S. 45) Signalfarben wirken ebenfalls aktivierend. (Kroeber-Riel, 2003, S. 73)

Meyer-Hentschel empfiehlt den Kontrasteffekt der Farben in der Werbeanzeige zu überprüfen, indem man ein Schwarz-Weiß-Bild erzeugt. Ist auf dem Schwarz-Weiß-Bild ein prägnantes Bild mit Kontrasten in Grautönen zu erkennen, wird die Werbeanzeige wahrscheinlich auch in Farbe wirken. (Meyer-Hentschel, 1993, S. 54)

Angenehm wirken Farben vor allem dann, wenn sie leuchtkräftig und gesättigt sind. Die Farben werden dann auch positiver bewertet. (Felser, 2015, S. 344) & (Kroeber-Riel, 2003, S. 432) Heben sich Farben von Ihrer Umgebung ab, indem sie hell, neu, auffallend und warm sind, fördern diese Farben die Aufmerksamkeit des Kunden. Man sollte es hierbei aber nicht übertreiben, sonst wird die Farbgestaltung als Manipulation oder als zu aufdringlich erlebt. (Felser, 2015, S. 343)

Die ausgewählten Farben sollten primär zur Kultur und Produktkategorie passen. (Felser, 2015, S. 343) & (Kroeber-Riel, 2003, S. 432)

Abschließend lässt sich sagen, dass jeder Konsument für Farben auch bestimmte Assoziationen besitzt. (Felser, 2015, S. 340) Farben passen zu Marken und ihren Produkten und werden mit den Produkteigenschaften zusammen abgespeichert (siehe Abbildung 29). Die Farbe kann ein Merkmal sein, das zu einer Marke, wie z.B. ein Logo oder Name, dazugehört. (Scheier, Bayas-Linke, & Schneider, 2011, S. 53)

Abbildung 29: Farben und Marken gehören zusammen, freundlicherweise zur Verfügung gestellt von Haufe-Lexware GmbH & Co. KG
Quelle: (Scheier, Bayas-Linke, & Schneider, 2011, S. 53)

Einige Farben stehen für spezielle Assoziationen:

- Blau wirkt kühl, entspannend und steht für Disziplin (Felser, 2015, S. 339). Blau ist die beliebteste Farbe (Heller, 1993, S. 23).

- Rot kann für Liebe, Verbote, Vermeidung, Dominanz, höheren Status, Aggression und Wärme stehen. Es gibt also viele Assoziationen, die mit Rot in Verbindung stehen. (Felser, 2015, S. 339 & 341) Rot erregt am stärksten. (Kroeber-Riel, 2003, S. 432)

- Grün steht für Hoffnung und Gesundheit. Wirkt angenehm (Felser, 2015, S. 339) und nicht erregend. (Kroeber-Riel, 2003, S. 432)

- Gelb steht für Neid. Sie ist die hellste und leuchtkraftstärkste Farbe. (Felser, 2015, S. 339)
- Grün-Gelb und Blau wirken frisch. (Kroeber-Riel, 2003, S. 123)
- Orange ist die natürliche Feuerfarbe und dadurch besonders erregend. (Kroeber-Riel, 2003, S. 432)

Außerdem schreiben Geffken und Kalka, dass Farben automatische Reaktionen hervorrufen. Dieser Prozess läuft ähnlich wie bei emotionalen Reizen ab und abhängig vom Kontext. Zu beachten sind auch die kulturellen Einflüsse auf die Wahrnehmung der Farben. Farben haben im orientalischen oder asiatischen Raum eine ganz andere Wirkung als in Europa. (Geffken & Kalka, 2001, S. 132-133) Laut den Autoren werden Farben mit folgenden Assoziationen in Verbindung gebracht:

- Rot: Liebe, Hass, gefühlsbetont, Blut und Feuer, Dramatik, Vitalität, Erotik, Aggressivität, Wut, Lebensfröhlichkeit, Aktivität, Optimismus, Macht
- Blau: Ruhe, Souveränität, Konsequenz, Aufrichtigkeit, Treue, Seriosität
- Gelb: Lebenskraft, Hoffnung, Fröhlichkeit, Intellekt, Produktivität, Stolz, verantwortungsbewusst
- Orange: flippig, eindringlich, aufregend, anders
- Lila: Einsamkeit, Narzissmus, traumhaft, Flucht in Träume
- Rosa: Süße, Weiblichkeit, Zartheit, Eitelkeit
- Weiß: Reinheit, Aufklärung, Unschuld
- Schwarz: Trauer, Intellektuell, Zauberei, Dominanz, Distanz, Geheimnis, Bösewicht

Die Helligkeit und die Sättigung

Schwarz und Weiß haben einen starken Zusammenhang mit der menschlichen Sprache: Positivität wird mit Weiß und Negativität mit Schwarz in Verbindung gebracht (siehe Abbildung 30). (Felser, 2015, S. 340) & (Meier, Robinson, & Clore, 2004) In Bezug auf eine automatisch positive Wahrnehmung wird also Weiß bevorzugt. (Felser, 2015, S. 340)

Eine Werbeanzeige sollte auf helle und satte Farben zurückgreifen, da beide Farbeigenschaften als positiv erlebt werden, wobei Sättigung mit Erregung und Helligkeit mit Entspannung assoziiert wird. Führt man diese Erkenntnisse zusammen, wird eine Farbe besser bewertet, wenn sie hell und satt ist. (Felser, 2015, S. 340)

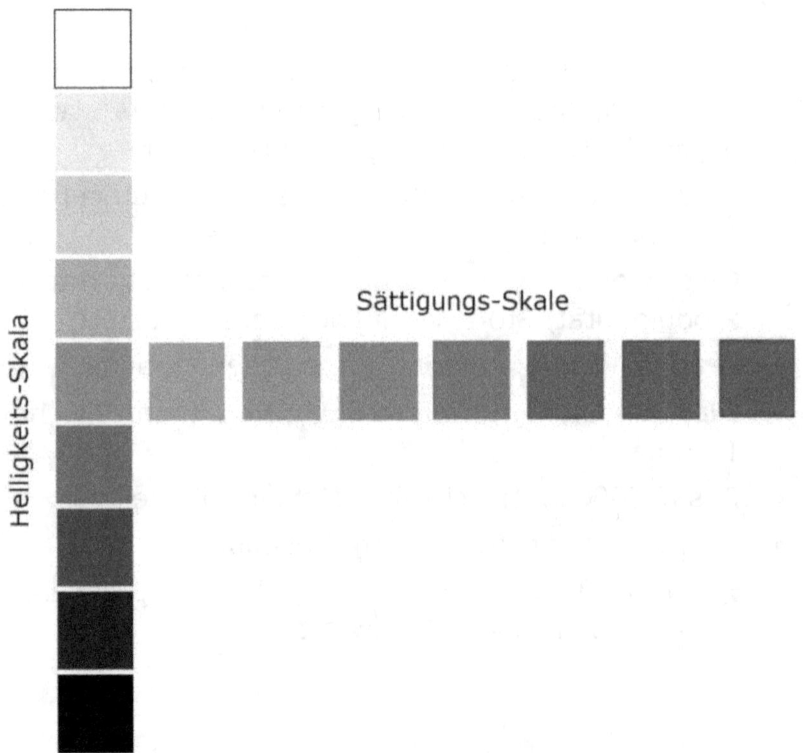

Abbildung 30: Die Wirkung von Helligkeit und Sättigung, eigene Darstellung, Quelle: vgl. (Puhalla, 2008)

Helligkeit und Sättigung spielen nicht nur in der Werbegestaltung eine Rolle, auch bei der Produktgestaltung sollte man die Wahrnehmung von Farben und ihren Eigenschaften beachten. So werden Light-Versionen von Lebensmittel schneller und einfacher wahrgenommen, wenn die Produktverpackung in entsättigten Farben gestaltet ist (siehe Abbildung 31). (Scheier, Bayas-Linke, & Schneider, 2011, S. 51)

Abbildung 31: Farbgestaltung von Light vs. Normale Produkte, freundlicherweise zur Verfügung gestellt von Haufe-Lexware GmbH & Co. KG, Quelle: (Scheier, Bayas-Linke, & Schneider, 2011, S. 51)

Video 8: Die Farbpsychologie

Die Schrift

Der Blick der Menschen springt von Wort zu Wort. Dabei ist es wichtig, dass die Gestalt des Wortes schnell und einfach zu lesen ist. Es kommt also weniger auf die einzelnen Buchstaben des Wortes an, das Layout ist entscheidender. Lange Wörter können mit Bindestrichen in Teilbereiche untergliedert werden. Diese Technik verbessert die schnelle und einfache Erkennung von Wörtern (Felser, 2015, S. 344)

Wörter in Großbuchstaben verschlechtern diese Einfachheit des Wortes. HIER WIRD DER LESEFLUSS UNTERBROCHEN UND JEDER BUCHSTABE MUSS EINZELN GELESEN WERDEN. (Felser, 2015, S. 344)

Alle Veränderungen der gewohnten Schriftform, wie z.B. weiße Schrift auf schwarzem Hintergrund, halbrunde sowie schräge Anordnungen oder extravagante Schriftarten sollten vermieden werden. (Felser, 2015, S. 345)

In der Abbildung 32 findet man einige Negativbeispiele: (Meyer-Hentschel, 1993, S. 90-91)

Abbildung 32: Headlines sollten schnell lesbar sein, eigene Darstellung (Negativbeispiele), Quelle: vgl. (Meyer-Hentschel, 1993, S. 90-91)

Schriftarten können aber auch bestimmte Assoziationen hervorrufen und somit bestimmte Zielgruppen, Emotionen oder Motive ansprechen: (Geffken & Kalka, 2001, S. 162)

DIE WIRKUNG DER SCHRIFT	- Fremd alt
Die Wirkung der Schrift	- verspielt, persönlich
Die Wirkung der Schrift	- witzig, unseriös
Die Wirkung der Schrift	- glaubhaft, nachrichtlich
Die Wirkung der Schrift	- kindisch naiv
Die Wirkung der Schrift	- konservativ

Die Erfassung des Textes sollte, wie die gesamte Anzeige, schnell und einfach erfolgen. Großbuchstaben und gedrängte oder spielerische Buchstaben sollten vermieden werden. *Bestimmte Schriftarten* können die Blicke der Konsumenten *auf eine bestimmte Stelle richten*. (Geffken & Kalka, 2001, S. 165)

Laut Neumann können Texte einfach gelesen werden, wenn die Texte …: (Neumann, 2013, S. 97)

- mit traditionellen Schriftarten, z.B. Arial oder New Times Roman, geschrieben sind.
- aus Groß- und Kleinbuchstaben bestehen.
- ein gut gegliedertes Layout haben.
- mit ausreichendem Zeilenabstand geschrieben sind.

Video 9: Die Schriftpsychologie

Die Überschrift

Zum Themengebiet der Schrift gehört natürlich auch die Überschrift. Da die Überschrift üblicherweise am auffälligsten designt ist, wird diese auch häufig zusammen mit dem Bild als Erstes betrachtet. Vor allem physische Merkmale spielen bei den Überschriften eine Rolle:

So sollte die Überschrift groß und bunt sein sowie emotionale Wörter enthalten. Gedankliche Reize und Irritationen sollten vermieden werden, da diese zu langsam wirken. (Meyer-Hentschel, 1993, S. 69 & 150)

Der Leser muss die Möglichkeit haben, die Überschrift isoliert betrachten zu können und die Botschaft trotzdem zu verstehen. Die Überschrift darf ohne das Bild oder den Fließtext nicht missverstanden werden. (Meyer-Hentschel, 1993, S. 69 & 150)

Außerdem sollte man vermeiden eine Überschrift in der Anzeige aufzuteilen und an unterschiedlichen Positionen zu platzieren: Wird ein Teil der Headline über und der andere Teil unter dem Bild platziert, nimmt der Kunde meistens nur einen Teil der Überschrift wahr. (Lachmann, 2002, S. 169)

Felser (2015, S. 337) gibt einen Überblick über die optimalen Merkmale einer Überschrift. Eine Überschrift sollte demnach: siehe auch (Ogilvy, 1984, S. 71) & (Meyer-Hentschel, 1993)

- kurz sein (ca. 5-8 Wörter).
- möglichst viele Substantive enthalten.
- nicht als Frage formuliert sein.
- nicht passiv formuliert sein.
- keine Negationen enthalten.
- sich direkt an den Kunden richten.

Geffken & Kalka fassen ebenfalls einige wichtige Eigenschaften von Überschriften zusammen: (Geffken & Kalka, 2001, S. 169-179)

- Headlines werden 5x häufiger gelesen als Fließtexte.
- Headlines in Anführungszeichen sollen angeblich die Erinnerung an die Headline um 28 % steigern.
- Man sollte keine Verneinungen „un" oder „nicht-" verwenden.
- Satzzeichen sollten vermieden werden. Punkte oder Ausführungszeichen führen zum gedanklichen Ende der Botschaft und unterbrechen die Aufmerksamkeit des Kunden.
- Die Headline sollte selbsterklärend sein.
- Die Fragezeichen sollten vermieden werden.
- Der Markenname sollte in die Headline eingebaut werden.
- Auch die Headline sollte aktivierend gestaltet werden.

Die Werbetexte

Wie bei Überschriften gilt auch für den normalen Fließtext, dass Substantive dabei helfen die Schnelligkeit der Informationsaufnahme zu steigern. Zusätzlich wird empfohlen die wichtigste Produkteigenschaft in den (Produkt)Namen zu integrieren. (Felser, 2015, S. 350) So sollte man den Namen „Schonseife" für „Seife, die Ihre Hände und Umwelt schont." verwenden.

Man sollte den Fließtext so kurz wie möglich formulieren und Schlüsselreize verwenden, die verschiedene Informationen in sich vereinen. (Neumann, 2013, S. 126)

Da der Fließtext meistens nicht gelesen wird, bietet es sich an, durch Absätze, Zwischenüberschiften und Kürzungen die Gestaltung zu verbessern und die Lesewahrscheinlichkeit zu erhöhen. Selbst Konsumenten mit hohem Produktinteresse nutzen gerade einmal sechs Blick-Fixationen (Betrachtungen) für den Fließtext. (Meyer-Hentschel, 1993, S. 117-118)

Der Stil des Textes kann auch einen Einfluss auf die Wahrnehmung der Werbebotschaft haben. Verschiedene Stilformen besitzen unterschiedliche Wirkungen beim Konsumenten. Geffken & Kalka zählen die Stilformen mit Beispielen auf: (Beispiele aus Geffken & Kalka, 2001, S. 200-201 und Urban, 1995, S. 3 & 14 & 36 & 113, 175, 202)

- Die Wiederholung: „Benzin gibt´s überall. Super gibt´s überall. Super-Mix gibt´s bei BP."
- Die Metapher: „Ein Auto darf nicht die Welt kosten" (Mercedes-Benz)
- Das Wortspiel: „Schneller umsteigen, früher aussteigen" (DB)
- Die Behauptung: „Da ist die Milch schon drin" (Pfanni)
- Die rhetorische Frage: „Wer braucht eine schwierige Kamera?" (Minolta)
- Die Beschönigung: „Aus Schadstoffen machen wir Werkstoffe" (Henkel)
- Die Vermenschlichung der Werbung: „Und ihr Bad hat einen Namen" (Villeroy & Boch)
- Die Alliteration: „Flitz, Fischers Fritz!" (Wüstenrot)
- Die Analogie: „sieht aus wie…"
- Der Appell: „Tu was" (DRK)
- Die Ironie
- Der Reim: „Waikiki, Kauai, Hawaii, Sind Sie dabei?" (United Airlines)
- Das Sprichwort: „Ein Jetzt ist besser als zwei dann" (Elbe-Mulde mbH)

Konsumenten sehen den Werbetext als alltägliche Kommunikationsform an. Dadurch gehen die Kunden meistens davon aus, dass bestimmte Normen der Kommunikation eingehalten werden. (Felser, 2015, S. 351)

Der Text sollte auf Grund der Bildüberlegenheit das Bild nur ergänzen. Vor allem das Bild, aber auch der Text sollten auch ohne weitere Elemente für den Kunden verständlich sein. (Felser, 2015, S. 351)

Ein Bild kann vor allem dann ohne Fließtext gestaltet werden, wenn die Marke und das Produkt, um das es geht, bekannt ist. (Geffken & Kalka, 2001, S. 198)

Für Werbetexte sollte ein Satz nicht mehr als 25 Wörter enthalten, optimalerweise enthält der Satz nur 15 Wörter. Werbetexte sollten auf komplexe Sätze mit Nebensätzen verzichten. Die Satzaussage sollte relativ schnell erkenntlich sein. (Felser, 2015, S. 354)

Abstrakte Wörter wie effizient, Vertrauen oder Zukunft können zu langsam verarbeitet werden und haben keine Werbewirkung beim Kunden. (Geffken & Kalka, 2001, S. 96-98)

Ein Werbetext muss verständlich sein. Er muss ohne einen Vertriebsmitarbeiter selbsterklärend sein und darf deswegen beispielsweise keine Witze enthalten, die nicht jeder Kunde versteht. (Geffken & Kalka, 2001, S. 102)

Eigennamen können für die Werbung benutzt werden. Wird ein Familienname verwendet, sollte man darauf achten, dass dieser Name im Zusammenhang mit dem Produkt steht. Ein Eigenname kann beispielsweise eine Herkunftsbezeichnung sein: Champagne, Salle Unstrut, Edamer Käse, usw. Im Optimalfall steht der Produkt- oder Markenname für die gesamte Produktkategorie. So steht Cola für Coke-Getränke oder Tempo für Taschentücher. (Geffken & Kalka, 2001, S. 82-83)

Produkt- oder Markennamen können aber auch für isolierte Wörter stehen. Dann kann man den Namen mit einem Bild oder Gegenstand, den es bereits gibt, in Verbindung setzen. Apple, Puma oder Uhu sind Marken, die sich bereits bestehender Begriffe bedienen. Ein Name kann sich aber auch komplett neu bilden und eine kreative Neuschöpfung sein. (Geffken & Kalka, 2001, S. 84-85)

Der Name ist aber auf jeden Fall von Relevanz: Der Kunde kann sich besser an den Namen erinnern, wenn dieser Sinn macht. Sinnfreie Wörter sollten möglichst kurzgehalten werden. Allgemein bietet sich an den Markennamen vor dem Produkt zu platzieren, wie es bei Coca-Cola, Nivea Hautcreme und Tempo Taschentücher der Fall ist. (Geffken & Kalka, 2001, S. 84-85)

Nach diesen eher vernichtenden Befunden zum Werbe- bzw. Fließtext sollte man einen positiven Aspekt nicht vernachlässigen: Der Fließtext macht eine Werbeaussage glaubwürdiger. Es entsteht eine Wahrnehmung beim Kunden als gäbe es Argumente, die die Werbebotschaft beweisen unabhängig davon, ob der Fließtext wirklich gelesen wird. (Felser, 2015, S. 152)

Video 10: Die Werbetextgestaltung

Die Größe

Die Größe einer Anzeige spielt natürlich in dem Sinne eine Rolle, als dass große Anzeigen die Aufmerksamkeit steigern und somit besonders schnell gesehen werden. (Meyer-Hentschel, 1993, S. 44) Gerade für die Gewinnung von Neukunden scheint eine große Werbeanzeige hilfreich, da diese ein geringes Interesse an neuen Marken haben und somit stärker aktiviert werden müssen.

Im Übrigen haben viele kleine Anzeigen, die man dem Kunden zeigen könnte, nicht denselben positiven Effekt wie eine große Anzeige. (Felser, 2015, S. 338) Man sollte ein optimales Größenmaß finden, denn auch die Werbewirkung steigt nicht proportional mit der Größe der Anzeige.

Die Aufmerksamkeitssteigerung durch eine größere Anzeige steht in keinem guten Verhältnis zu den höheren Kosten für die Größe der Anzeige. (Meyer-Hentschel, 1993, S. 44)

Der Größeneffekt besteht nicht nur darin, dass die Anzeige in ihrem Ausmaß besonders groß ist. Auch Nahaufnahmen oder Bilder innerhalb einer relativ kleinen Anzeige, die im Vergleich zum Text sehr groß dargestellt werden, erzeugen einen Größeneffekt. (Meyer-Hentschel, 1993, S. 45) Die Aufmerksamkeit lässt sich also durch die absolute oder die relative Größe der Werbeanzeige steigern. (siehe Abbildung 33)

Zur Verstärkung des absoluten Größeneffekts werden im Printbereich doppelseitige Anzeigen genutzt. Diese kann man über zwei Seiten hinweg platzieren, wobei man neben der Kosten-Nutzen-Rechnung folgende Punkte beachten sollte: Die Überschrift und das zentrale Bild sollten über beide Seiten verlaufen, damit die Seiten als zusammengehörig empfunden werden. Das Produkt, die Marke und die Werbebotschaft sollten auf beiden Seiten gezeigt werden, damit beide Seiten einen Hinweis auf den Absender enthalten. (Meyer-Hentschel, 1993, S. 129)

Abbildung 33: Der relative Größeneffekt,
freundlicherweise zur Verfügung gestellt von Schladerer GmbH

Man sollte bei der Größe einer Anzeige aber weiterhin bedenken: „The size of an advertising doesn´t matter when
it`s boring." (Hopkins, 1966)

Natürlich können physische Reize gleich mehrfach benutzt
werden. Man kann beispielsweise Farbe und Größe in einer
Werbeanzeige kombinieren. (Geffken & Kalka, 2001, S. 135)

Die Platzierung und das Blickverhalten

Für die Platzierung von Text und Bild sind zwei Merkmale entscheidend: Zum einen sollte der Kunde die Anzeige in einem Blickverlauf verstehen, zum anderen folgt der Blickverlauf der Leserichtung. Ein Hin- und Herspringen des Blickpunktes sollte vermieden werden. Daraus lässt sich ableiten, wo die einzelnen Elemente einer Anzeige platziert werden sollten:

Informationen, die sich links oben befinden, werden früher gelesen oder betrachtet als Informationen, die sich rechts unten befinden. (Felser, 2015, S. 338) & (Meyer-Hentschel, 1993, S. 80) Schaut man sich den Blickmechanismus laut Wimmer an, kann man weitere Gestaltungsrichtlinien für die Werbeanzeige schlussfolgern: „Das Auge beginnt nicht etwa bei der Headline und arbeitet sich dann Punkt für Punkt bis nach rechts unten durch. Für den Blickverlauf gibt es klare Prioritäten: Bild vor Text, Personen vor Landschaften oder Hintergründen, Gesichter vor dem Körper; Auge, Mund und Nase zuerst." (Wimmer, 1988)

Personen sind also aufmerksamkeitsstärker als Landschaften (siehe Abbildung 34) und Gesichter mehr als Körper und Augen mehr als Körper. Augen lenken die Aufmerksamkeit vor allem auf sich, wenn sie direkt auf den Leser gerichtet sind. (Geffken & Kalka, 2001, S. 96-98)

Abbildung 34: Landschaften wirken, freundlicherweise zur Verfügung gestellt von Opel Automobile GmbH

Meyer-Hentschel (1993, S. 124) schreibt darüber: „Headlines, die sich unter dem Bild befinden, werden von 10 Prozent mehr Lesern beachtet als Headlines über dem Bild. Ebenso werden Texte und Headlines rechts neben dem Bild häufiger gelesen als links stehende. Es ist gefährlich Anzeigen mit Elementen zu überladen."

Ein Layout mit dem Bild auf der linken Seite und dem Text auf der rechten Seite entspricht der natürlichen Aufteilung des Gehirns in die linke und rechte Gehirnhälfte mit den passenden Gehirnfunktionen (siehe Abbildung 35). Anzeigen, die diesem Layout folgen, werden bevorzugt. (Felser, 2015, S. 338-339)

Ein Text in der Mitte zu platzieren bietet sich ebenfalls an. Beim Betrachten eines zweidimensionalen Objekts beginnt der Blick leicht oberhalb des Mittelpunkts. (Geffken & Kalka, 2001, S. 95 & 127)

Abbildung 35: Das Layout sollte entsprechend der Hirnhälften angepasst werden. Achtung: Über Nervenbahnen findet ein Wechsel beim Abruf statt. In der realen Wahrnehmung sind die Seiten vertauscht. (Das linke Gesichtsfeld landet in der rechten Gehirnhälfte), eigene Darstellung, Quelle: vgl. (Trommsdorff, 2009, S. 236)

Kroeber-Riel schreibt über das Blickverhalten der Kunden Folgendes: „Oben wird mehr fixiert als unten, oben links wird am meisten fixiert, unten links wird am wenigsten fixiert." (Kroeber-Riel, 2003, S. 258) & (Bernhard, 1978)

Auch ein Markenname oder ein Logo spielt bei der richtigen Platzierung eine Rolle. Oft wird das Logo oder der Markenname in der Werbeanzeige zu klein gestaltet. Der Name bzw. das Logo sollten laut Leserichtung bereits in der Headline oder unten rechts platziert sein.

In ca. 65% der Printanzeigen ist das Markenlogo oder der Unternehmensname unten rechts platziert. Weitere 18,5% gestalten den Absender mithilfe von Farben oder Größe aktivierend. (Geffken & Kalka, 2001, S. 87)

Gewohnheitsmäßig sucht der Konsument unten rechts nach dem Absender der Werbebotschaft, daher sollte der Marketer nicht dagegen verstoßen. (Meyer-Hentschel, 1993, S. 107-108)

Die empfohlene Reihenfolge für die Platzierung der Anzeigenelemente ist also: Bild – Headline (mit Markennamen) – Packung / Produkt – Fließtext (wirklich notwendig?) – Logo (groß & unten rechts). (Meyer-Hentschel, 1993, S. 127)

Video 11: Das Blickverhalten der Konsumenten

Die Bilder

Bilder sagen mehr als tausend Worte: An den Steinzeitmalereien erkennt man, dass Bilder zu einer der ursprünglichsten Formen der Kommunikation gehören. Bilder werden von Menschen gemocht und gerne gesehen. (Meyer-Hentschel, 1993, S. 17)

Auf Grund der technischen Weiterentwicklung werden Bilder auch immer öfter benutzt und können in der Werbung eingesetzt werden. Einige Social Media Plattformen, wie z.B. Instagram, setzen komplett auf den Einsatz von Bildern. Emotionen finden über Emojis (Emotionsbilder) Einzug in unseren Textnachrichten. Aber auch physische und gedankliche Reize spielen bei der richtigen Bildauswahl eine Rolle.

Bilder sind es, die dem Konsumenten schnell und einfach die wichtigsten Informationen liefern. Man kann durch sie die Informationsüberlastung der Kunden verringern, da Bilder prägnant sind und schnell verarbeitet werden können. (Meyer-Hentschel, 1993, S. 17)

Auch der reine Unterhaltungswert von Bildern sollte nicht vernachlässigt werden. Gerade bei gering Involvierten Kunden, die wenig Produktinteresse besitzen, ist die Unterhaltung wichtig. (Kroeber-Riel, 1996, S. 111)

Konkrete Bilder unterstützen aber nicht nur das Aktivierungspotential von Anzeigen, sondern helfen auch die Erinnerungsfähigkeit an die Anzeige zu verbessern. Das lässt sich am besten realisieren, wenn das Bild den konkreten Produktnutzen zeigt. (Meyer-Hentschel, 1993, S. 173)

Der Produktnutzen kann also in der Werbung ebenfalls dargestellt werden. Man sollte das Produkt in der alltäglichen Situation zeigen und somit verdeutlichen, um was es genau geht. Um den Nutzen zu zeigen, sollte das Produkt mindestens ca. 1/3 der Anzeigenfläche einnehmen. (Geffken & Kalka, 2001, S. 159)

Bilder stoßen außerdem bei der Zielgruppe auf großes Wohlwollen:

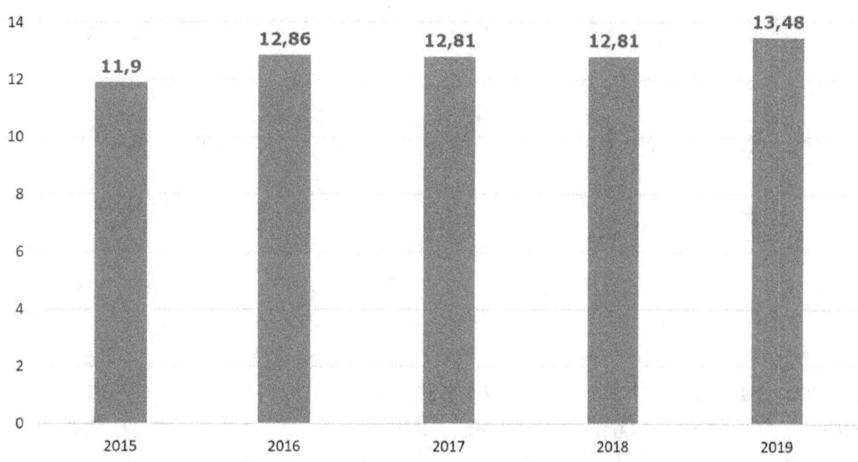

Abbildung 36: Die Bewertung von Texten ohne Bilder, eigene Darstellung, Quelle: vgl. (IfD Allensbach, 2019)

Bilder sind es, die laut Meyer-Hentschel die Werbewirkung verbessern: Bilder werden zuerst betrachtet, müssen nicht übersetzt werden, werden schnell versarbeitet, sind glaubwürdig, die zentrale Aussage wird schnell erfasst und Bilder werden schnell gelernt. (Meyer-Hentschel, 1993, S. 18)

Trommsdorff schreibt über die Wirkung von Bildern: „Bilder haben überlegene aktivierende und gefühlsmäßige Wirkungen. Sie werden weitgehend automatisch wahrgenommen und verarbeitet und sie werden besser behalten als Texte." (Trommsdorff, 2009, S. 100)

Formen, die man in Bilder verwenden kann, unterscheiden sich ebenfalls in Ihrer Wirkung: Geschlossene, regelmäßige, einheitliche, symmetrische, einfache und knappe Formen sind prägnanter. Dazu gehören beispielsweise Kreise, gleichseitige Dreiecke oder auch Quadrate (siehe Abbildung 37).

Dieses Wissen kann man beispielsweise auch auf die Gestaltung von Markenlogos anwenden. (von Rosenstiel & Kirsch, 1996, S. 64)

▲ Hochschule Harz

Abbildung 37: Das Dreieck als prägnantes Markenzeichen, freundlicherweise zur Verfügung gestellt von der Hochschule Harz.

Die Vorteile der Bildnutzung können auch zum Nachteil werden: Bilder ziehen die Blicke bekanntlich auf sich. Einige bestimmte Motive aktiveren den Konsumenten besonders: Erotik, Kinder oder Gesichter (insbesondere Augen) ziehen die Blicke auf sich. Bilder verlangsamen aber auch die Blickbewegung und können eine ablenkende Wirkung haben. (Meyer-Hentschel, 1993, S. 81) Bilder sollten keine unwichtigen Elemente enthalten. Wenn eine Anzeige unwichtige Bildelemente enthält, sollten diese nur in den Randbereichen platziert werden.

Das Wichtige (die Werbebotschaft, das Produkt oder die Marke) im Bild muss betont werden. (Meyer-Hentschel, 1993, S. 81) Bilder sollten sich auf das Wissen der Konsumenten beziehen. Tun Sie es nicht, sollten sich die Bilder auf die Bedürfnisse oder Interessen der Zielgruppe beziehen. (Felser, 2015, S. 348) Bilder sollten auf jeden Fall positive Emotionen sowie Gefühle ansprechen und ein Annäherungsverhalten auslösen. (Meyer-Hentschel, 1993, S. 143)

Damit ein Bild, z.B. ein Logo, abgespeichert wird, sollte dieses Bild kontinuierlich und über einen längeren Zeitraum benutzt werden (siehe Abbildung 38). Häufig veränderte „Schlüsselbilder" sind nicht von Vorteil. In der Werbung sind einzelne, wenige Schlüsselbilder, die auch über einen längeren Zeitraum eingesetzt werden, erfolgreicher. (Ruge & Andresen, 1994)

Natürlich muss das Bild einzigartig sein und darf nicht mit dem des Wettbewerbers verwechselt werden. (Meyer-Hentschel, 1993, S. 143)

Abbildung 38: Die Konstanz im Markenlogo ist wichtig, freundlicherweise zur Verfügung gestellt von © Beiersdorf AG

Eine besondere Art der Bilder sind die inneren Bilder der Kunden. Gedächtnisbilder, die aus der Erinnerung abgerufen werden, aktivieren einen Gegenstand oder eine Werbebotschaft auch in Abwesenheit der eigentlichen Werbeanzeige.

Innere Bilder werden spontan durch äußere Reize oder Überlegungen abgerufen. Ein Produkt kann somit auf vielfältige Weise in den Köpfen der Kunden gespeichert werden. Ein Auto kann Beispielsweise mit einem Geruch, ein Geräusch, einem Logo oder dem Wort „Auto" aktiviert werden. Es gibt also akustische Bilder, Geruchsbilder und haptische Bilder. Diese inneren Bilder sind besonders verhaltenswirksam. In der Werbung sollten also möglichst viele Sinne angesprochen werden. (Kroeber-Riel, 1996, S. 40-43) Die Firma Underberg hat in ihrer Werbeanzeige sowohl haptische (siehe Abbildung 39) als auch akustische Bilder verwendet. Die „Underberg"-Melodie ist die erste heute noch lebende Hörmarke, die bei dem Deutschen Patent- und Markenamt am 1. Januar 1995 (dem Tag der Einführung der Markenform „Hörmarke" in Deutschland) eingetragen wurde.

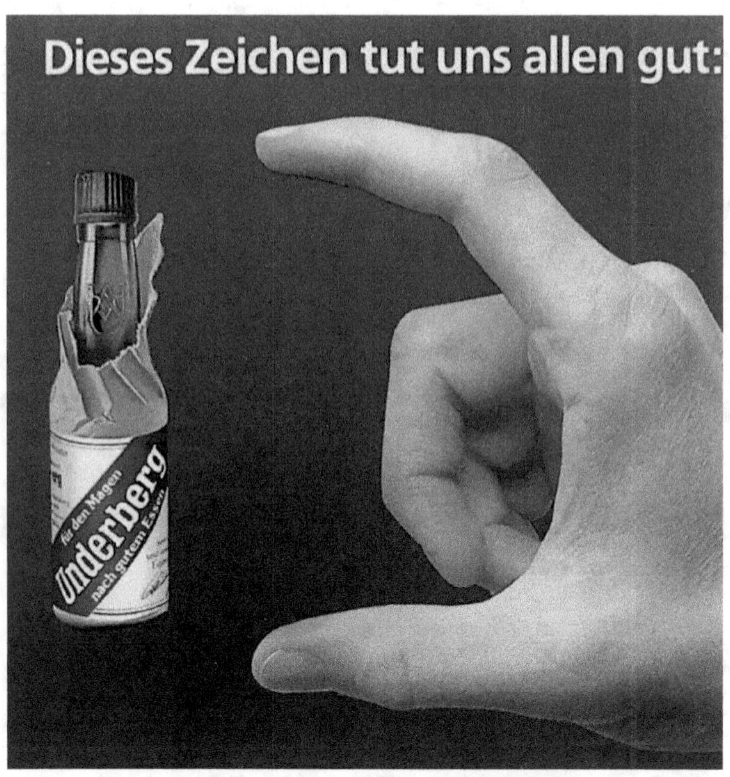

Abbildung 39: Haptische Signale in der Werbeanzeige, freundlicherweise zur Verfügung gestellt von Underberg GmbH & Co. KG

Auch die Limbic Map von Häusel, die im Kapitel Emotionen bereits behandelt wurde, kann man mit Bildern umsetzen. Die Motiv- und Emotionssysteme sollte man mit bestimmten Bildcodes übermitteln. Symbolische und bildliche Codes spielen dabei aufgrund der positiven Eigenschaften von Bildern eine wichtige Rolle. Über eine Werbeanzeige kann man eine emotionale Positionierung vornehmen, wobei der Marketer versuchen sollte, die Emotionen und Motive des Kunden richtig anzusprechen. Die Landschaft könnte abenteuerliche Motive ansprechen. Das Auto steht für die Kontrolle der Situation und das gute Wetter für positive Emotionen. (siehe Abbildung 40)

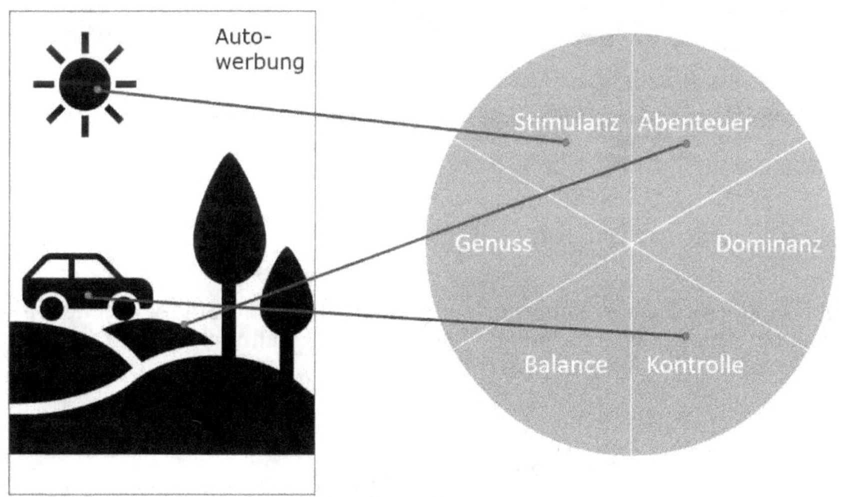

Abbildung 40: Die Umsetzung der Motivansprache mit Werbeanzeigen, eigene Darstellung, Quelle: vgl. (Häusel, 2014, S. 107)

Durch diese Codes (Signale) können mentale Konzepte aktiviert werden, wenn sie zu den impliziten Zielen und Bedürfnissen des Kunden passen. Codes übersetzen diese impliziten Bedürfnisse in Produkteigenschaften. Die Ziele eines Kunden sind wie ein Filter: Passen die Informationen der Werbung nicht zum Ziel oder Bedürfnis des Kunden, wird die Werbung gar nicht erst bewusst wahrgenommen. (Scheier, Bayas-Linke, & Schneider, 2011, S. 29-32)

Codes müssen nicht ausschließlich Bilder sein, sondern können durch alle Sinne wahrnehmbar gemacht werden (siehe Abbildung 41).

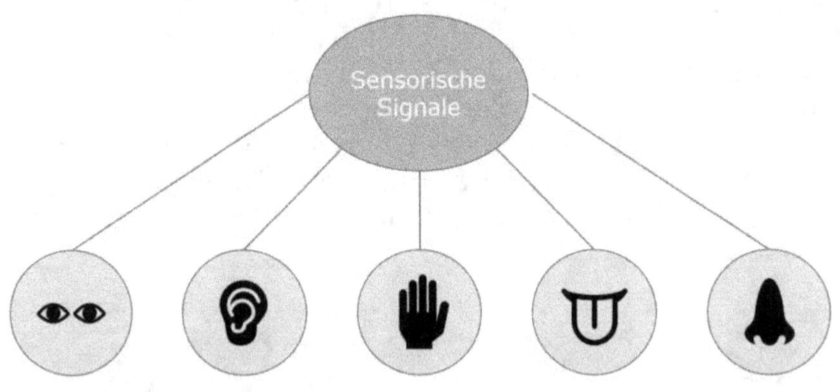

Sehen	Hören	Fühlen	Schmecken	Riechen
Helligkeit	Lautstärke	Struktur	Süß	Fruchtig
Farben	Tonhöhe	Form	Bitter	Blumig
Formen	Sprache	Temperatur	Salzit	Frisch
Bewegungen	Rhytmus	Konsistenz	Sauer	Würzig

Abbildung 41: Die Wahrnehmung von Codes über die Sinne, eigene Darstellung, Quelle: vgl. (Scheier, Bayas-Linke, & Schneider, 2011, S. 44)

Video 12: Bilder in der Werbung

Eine Checkliste

Auf einem Kongress im Jahr 1994 hat Rolf Grapentin von der GFK die wichtigsten Merkmale der Anzeigengestaltung vorgetragen. Lachmann (2002, S. 175-176) fasst die Aspekte wie folgt zusammen:

- Die Hauptaussage sollte durch das Bild transportiert werden.
- Es sollten prägnante Bilder verwendet werden.
- Es sollten aktivierende Reize eingesetzt werden.
- Man sollte nicht damit rechnen, dass der Fließtext gelesen wird.
- Das Logo und Produkt müssen im zentralen Blickverlauf platziert werden.
- Man sollte keine komplexen Analogien oder Rätsel verwenden.
- Die Anzeigen sollten für sich selbst stehen können.
- Der Marketer sollte wenig in die Anzeige packen.
- Die Headline sollte kurz und prägnant sein.
- Die Marke sollte in der Headline genannt werden.

Die Zielgruppe: (Joliet, 1991, S. 31) & (Werler, 1993)

- Trifft das Produkt oder die Anzeige das Werbeinteresse des Kunden?
- Ist die Zielgruppe bekannt und mit statistischen Daten belegt?
- Erweckt die Werbeanzeige Neugier beim Kunden, weil sie ein relevantes Problem aufgreift?
- Ist die Werbebotschaft sofort verständlich für den Betrachter?

Die Headline: (Joliet, 1991, S. 48)

- ☐ Enthält die Schlagzeile einen Bezug zur Marke oder zum Produkt?
- ☐ Ist die Headline kongruent zur Bildidee?
- ☐ Ist sie in lesbaren Buchstaben formuliert?
- ☐ Ist die Schlagzeile kurz und prägnant?
- ☐ Aktiviert sie den Leser und macht den Kunden neugierig?
- ☐ Kann die Zielgruppe die Überschrift ohne Nachdenken verstehen?

Der Fließtext: (Joliet, 1991, S. 51)

- ☐ Sagt der Text, warum das Produkt oder die Marke der Zielgruppe einen Nutzen und Vorteile bringt?
- ☐ Spricht der Text direkt das Thema an und hat er einen Bezug zur Werbebotschaft?
- ☐ Benötigt die Werbeanzeige überhaupt einen Fließtext oder kommt sie ohne Erklärung aus?
- ☐ Sind die Sätze lesbar und verständlich?
- ☐ Könnte man den gleichen Inhalt kürzer sagen?
- ☐ Wurden unbekannte Wörter vermieden?
- ☐ Gibt es in der Anteige Zwischenüberschriften und Absätze?

Das Bild: (Joliet, 1991, S. 67)

- ☐ Beinhaltet das Bild die Werbebotschaft?
- ☐ Vermittelt das Bild ein Produkterlebnis?
- ☐ Gibt es aktivierende Elemente im Bild?

Die Typografie: (Joliet, 1991, S. 98)

- ☐ Sind die Elemente der Typografie ruhig und entspannend?
- ☐ Wurden normal lesbare Schriftarten verwenden?
- ☐ Wurde auf Großbuchstaben größtenteils verzichtet?
- ☐ Ist der Gestalter bei einer einzigen oder wenigen Schriftarten geblieben?
- ☐ Wird eine Schriftstil (fett, kursiv, Groß und Klein) beibehalten oder wechselt der Stil der Schrift unwillkürlich?

Die Influencer-Anzeigen: (Joliet, 1991, S. 133)

- ☐ Hebt sich die Marke mit dem Testimonial von dem Wettbewerb ab?
- ☐ Kann die Werbeperson sich glaubwürdig mit dem Produkt und der Marke identifizieren?
- ☐ Wie ist das wirkliche Image des Influencers und wurde das Image mit einer Studie belegt?
- ☐ Wird das Produkt in einer alltäglichen Situation gezeigt?

Die Verkaufsraumgestaltung

Ein Thema, das sich derselben Theorien bedient, ist die Gestaltung von Verkaufsräumen. Zusammengehörende Produkte sollten zwingend nebeneinander platziert werden. Die Zusammengehörigkeit besteht dabei weniger in der Produktkategorie, sondern vielmehr in den Verbundgruppen: Ein Produkt wird selten einzeln konsumiert. Dadurch entstehen verschiedenen Kombinationsmöglichkeiten von Produkten, sogenannte Verbundgruppen. Der Kunde kauft also nicht nur ein bestimmtes Produkt, sondern hat eine Nachfrage an verschiedenen Produkten, die sich eventuell gegenseitig ergänzen. Besonders im Konsumgüterbereich ist das der Fall. (Mittelstaedt, 2019a) Man sollte also Produkte nebeneinander platzieren, die einen gemeinsamen Bedarf decken und in der Regel gemeinsam nachgefragt werden, z.B. Brot und Butter. Der Kunde wird somit indirekt an ähnliche Produkte erinnert. (Mehrabian, 1987, S. 178)

Auch die Farbgestaltung sollte bei der Verkaufsraumgestaltung beachtet werden. Leuchtkräftige und gesättigte Farben werden angenehmer erlebt. Grautöne sollten vermieden werden, während Blau und Grün die größte lustbetonende Wirkung haben. Diese Farben kann man auch über Objekte in einem Raum integrieren. Zimmerpflanzen bieten sich dafür an und gestalten den Raum abwechslungsreicher. In einer reizstarken Umgebung, z.B. in einem großen Kaufhaus, sollte man erregende Farben wie Rot, Orange oder Gelb vermeiden.

Farben können in einem Raum nicht nur erregend oder angenehm wirken, sondern können den Raum auch breiter oder enger, warm oder kalt erscheinen lassen. Auf solche Zusammenhänge sollte man als Marketer achten. (Für eine Übersicht siehe u.a. (Mehrabian, 1987))

Als Beleuchtung sollte man vor allem auf Tageslicht zurückgreifen. Ist dies nicht möglich, kann man tageslichtähnliche Leuchtmittel verwenden. Der Verkaufsraum sollte gut beleuchtet sein.

Mithilfe von hellen Farben und viel Licht sollte eine warme und einladende Atmosphäre geschaffen werden. (Kuß & Tomczak, 2007, S. 247)

Eine meist unterschätzte Wirkung hat die Musik auf die Wahrnehmung eines Verkaufsraums. Angenehme Musik kann die Stimmung der Kunden fördern und den Verkaufsraum positiver erscheinen lassen. Gerade entspannte Musik hat dabei eine zusätzliche positive Wirkung: Sie kann die Verweildauer und somit schlussendlich den Umsatz im Geschäft erhöhen. (Kroeber-Riel, 2003, S. 432-433) & (Kuß & Tomczak, 2007, S. 243)

Mit Bedacht eingesetzte Duftstoffe, die passend zur Abteilung bzw. zum Produktangebot eingesetzt werden, haben ähnliche positive Eigenschaften auf die Verkaufsraumwahrnehmung: Sie können eine aktivierende und emotional anregende Atmosphäre schaffen. (Kroeber-Riel, 2003, S. 121)

Je größer die Ladenfläche wahrgenommenen wird, desto länger ist die Aufenthaltsdauer der Kunden. Man sollte also Farben und Einrichtungsgegenstände verwenden, die den Verkaufsraum größer erscheinen lassen. (Kroeber-Riel, 2003, S. 431-432)

Die Verkaufschance der Produkte auf der Verkaufsfläche hängt von der Wahrnehmbarkeit ab: Unpopuläre Produkte, d.h. Artikel, die sich schlecht verkaufen lassen, sollten auf Augenhöhe platziert werden, damit sie sofort wahrnehmbar sind. Kunden sind es gewohnt, dass sich auf dieser Höhe die teureren Produkte befinden. Artikel, die hingegen häufig gekauft werden, sollten im unteren Teil des Regals platziert werden. Anders formuliert, der Artikel, den man verkaufen möchte, sollte mühelos (auf Augenhöhe) wahrnehmbar sein. (Raab & Unger, 2005, S. 177) & (Kuß & Tomczak, 2007, S. 245)

Kroeber-Riel formuliert noch weitere Aspekte für das „Ladenlayout": (Kroeber-Riel, 2003, S. 436-437) & (Raab & Unger, 2005, S. 178) & (Kuß & Tomczak, 2007, S. 162) (siehe auch Abbildung 42)

- Kunden begehen die Verkaufsräume in der Regel in einer dem Uhrzeigersinn entgegengesetzten Richtung.

- Die Kunden sind meistens bestrebt, sich wandbezogen zu orientieren, daher bevorzugen sie die Außengänge des Ladens.

- Gänge mit Kehrtwende und Ladenecken sollten vermieden werden.

- Kunden richten die Aufmerksamkeit vermehrt auf rechts platzierte Verkaufsregale.

- Die wahrgenommene Größe des Ladens erhöht die Absicht der Besucher mehr Zeit im Laden zu verbringen. Konsumenten sind sehr neugierig.

Hochwertige Verkaufszonen	Minderwertige Verkaufszonen
• Hauptwege des Geschäfts • Rechts vom Kundenstrom liegende Verkaufsfläche. • Sackgassen, die der Kunde automatisch erblickt. • Gangkreuzungen • Kassenzonen	• Mittelgänge • Links neben dem Kundenstrom liegende Verkaufsflächen • Einlaufzonen, die schnell passiert werden. • Sackgassen des Verkaufsraums • Räume hinter den Kassen

Abbildung 42: Die Verkaufszonengestaltung, eigene Darstellung, Quelle: vgl. (Kroeber-Riel, 2003, S. 437)

Generell kann der Verkaufsraum als Erlebnis inszeniert werden, bei dem alle Sinne zusammenspielen und eine Erlebnisvermittlung stattfindet. Die Zeit, die ein Konsument im Laden verbringt, steigt mit seiner Erregung. Es setzt ein Annäherungsverhalten ein, das auch die Interaktion mit der Umgebung, z.B. dem Verkaufspersonal, fördert. Übertreiben sollte man es mit der Aktivierung / Erregung der Konsumenten aber nicht, da sie meistens bereits mit Informationen überlastet sind. (Kroeber-Riel, 2003, S. 125 & 437)

Die Verkaufsraumgestaltung ist jedoch nur ein Aspekt der Einkaufsstätte. (Kuß & Tomczak, 2007, S. 161) Es gibt noch weitere Faktoren, die die Wahrnehmung des Kunden gegenüber dem Geschäft beeinflussen:

Eigenschaft	Wichtige Kriterien
Ort	Verfügbarkeit von Parkplätzen Erreichbarkeit mit öffentlichen Verkehrsmitteln Lage (Innenstadt, Verkehrsanbindung)
Erscheinung	Architektur, Schaufenstergestaltung, Eingang
Ladenlayout	Größe und Grundriss Länge und Breite der Gänge Angebotsflächen leicht sichtbar
Preisniveau	Sonderangebote vorhanden? Preispsychologie
Sortimentsbreite und -tiefe	Anzahl der Artikel im Sortiment Anzahl Produktkategorien im Angebot
Das Personal	Qualität der Beratung, Kundenservice
Ladenatmosphäre	Multisensorik (Gerüche, Farben, etc.)
Kunden	Anzahl und Stimmung der Kunden
Qualität der Produkte	Markenartikel oder „No-Name"-Produkte
Wartezeit	Dauer und Wahrnehmung der Wartezeit
Kommunikationspolitik	Display- und Werbeanzeigen im Laden

Abbildung 43: Wichtige Merkmale einer Ladengestaltung, eigene Darstellung, Quelle: vgl. (Foscht, Swoboda, & Schramm-Klein, 2015, S. 205) & (Antonides & van Raaij, 1998, S. 416)

Video 13: Die Verkaufsraumgestaltung

Konsumentenverhalten im Internet

Bevor man sich mit der Konsumpsychologie im Internet beschäftigt, stellt sich natürlich die Frage, warum Konsumenten überhaupt über das Internet einkaufen? (Bauer, Rösger, & Neumann, 2004, S. 44-45) begründen das mit:

- Hoher Preistransparenz und besserer Preisorientierung der Kunden im Internet
- Einfachheit in der Benutzung
- Zeitersparnis (kein Weg zum Geschäft)
- Einfacher Informationsbeschaffung

Das Internet stellt eine Plattform für eher hoch involvierte Kunden dar. (Lachmann, 2002, S. 207) Kunden erwarten einen unmittelbaren Zugriff auf Informationen in Echtzeit, das Laden einer Webseite sollte nur wenige Sekunden dauern. Außerdem erwarten Konsumenten, dass die Informationen auf der Webseite aktuell gehalten werden. (Bauer, Rösger, & Neumann, 2004, S. 103 & 291)

Viele Konsumenten suchen aktiv nach einem Produkt oder ganz bestimmten Informationen. Der Kunde bestimmt also zu einem großen Teil selbst, was er sich anschaut, aber auch wo und wann er sich ein Produkt oder eine Marke anschaut.

Diese Grundlage sollte ein Unternehmen bei seiner Online-Werbung beachten: Es findet eine Kommunikation mit einem Konsumenten statt, der sich aktiv für eine Webseite entschieden hat und dementsprechend bereits Interesse gezeigt hat. Das Kapitel über das Involvement spielt hierbei also eine besonders große Rolle.

Eine Kommunikation mit dem Kunden findet nicht nur über die Online-Werbung, sondern auch über verschiedene Elemente einer Webseite statt. Newsletter, Live-Chats, Emails, etc. sollten den Kunden ermutigen mit dem Unternehmen in Kontakt zu treten. (Bauer, Rösger, & Neumann, 2004, S. 151)

Das empfundene Risiko und der wahrgenommene Informationsgehalt spielt für die positive Wahrnehmung einer Internetseite oder eines Onlineshops eine wichtige Rolle. Das Gesamtrisiko für den Kunden besteht dabei vor allem aus finanziellem Verlust durch eine fehlgeschlagene Online-Bezahlung, durch Rücksendung, den Anfall von Reparaturen oder einem möglichen Zeitverlust. Ein schlechter Kundenservice kann den Frust zusätzlich noch erhöhen und ebenfalls Zeit kosten. (Bauer, Rösger, & Neumann, 2004, S. 35)

Um das empfundene Risiko zu verringern, sollte man den Kunden über die Datensicherheit informieren und Bewertungen von anderen Kunden veröffentlichen. Einige positive Testurteile bei „Stiftung Warentest", „Google My Business" oder „Trustpilot" (siehe Abbildung 44) können zusätzlich helfen das Vertrauen des Kunden in eine Webseite zu erhöhen. (Bauer, Rösger, & Neumann, 2004, S. 18-19)

Abbildung 44: Über „Trustpilot" kann man das Vertrauen im Internet durch Kundenbewertungen erhöhen, freundlicherweise zur Verfügung gestellt von Truspilot A/S, abgerufen am 09.11.2019
Quelle: (Trustpilot A/S, 2019)

Ein Produkt, das per Banner-Werbung angezeigt wird, sollte thematisch zu der Webseite passen, auf der der Kunde den Banner sieht. Andernfalls wird die Banner-Werbung als nervig empfunden.

Gerade das Internet bietet viele Möglichkeiten, passende Werbung für diejenigen Konsumenten zu schalten, die sich dafür auch interessieren. (Lachmann, 2002, S. 210)

Anders als im Printbereich sind im Internet animierte Werbeanzeigen möglich. Diese Möglichkeit sollte ein Marketer auch nutzen. Animationen, wie z.B. Blinken, Leuchtschrift oder Bewegungen verstärken die Aufmerksamkeitswirkung. Allerdings gewöhnt sich der Konsument schnell an diese Art der Werbung. (Lachmann, 2002, S. 212) Neben der Aufmerksamkeit erhöht eine Animation auch die Erinnerungswahrscheinlichkeit an die Werbung und verstärkt die Handlungsaufforderung (Call-to-action). (Lachmann, 2002, S. 211) & (Felser, 2015, S. 334)

Ein Werbebanner sollte Bilder enthalten und aus wenigen Elementen bestehen. Allgemein lassen sich die besprochenen Merkmale und Theorien der klassischen Werbeanzeige auch auf eine Bannerwerbung übertragen. (Lachmann, 2002, S. 211)

Damit die Bannerwerbung im Blickverlauf des Konsumenten liegt, bietet es sich an, die Werbeanzeige an der Scroll-Bar zu platzieren. So erreicht man eine höhere Klickrate. Die Banner könnten aber genauso gut auch im Inhaltsbereich selbst eingebunden werden oder direkt in der Mitte des Bildschirms erscheinen. (Felser, 2015, S. 334) Diese Form der offensichtlichen Werbung wäre aus Konsumentensicht unerwünscht und würde vielleicht zur Reaktanz führen. Die Werbung sollte deswegen vorwiegend informieren oder zumindest unterhaltsam sein.

Bei der Anordnung von Objekten auf einer Webseite gibt es allerdings viel mehr zu beachten als die Platzierung von Werbebannern. Internetseiten sollten möglichst schnell und einfach für den Kunden verständlich sein. Eine Webseite sollte deshalb seinen Erwartungen entsprechen. (siehe Abbildung 45 & 46)

Element der Webseite	Platzierung
Logo	Mittig am oberen Bildrand
Interne Links	Mittig am linken Rand
Externe Links	Am rechten Rand
Startseite-Link	In der linken oberen Ecke oder im Logo integriert
Interne Suche	Mittig im oberen Drittel der Seite
Einkaufswagen	In der rechten oberen Ecke
Mein Konto	Am oberen Rand der Seite rechts neben der Mitte
Hilfe/Service	In der rechten oberen Ecke

Abbildung 45: Die Platzierung von Elementen einer Webseite, eigene Darstellung, Quelle: vgl. (Bauer, Rösger, & Neumann, 2004, S. 87-88) & (Bernard, 2002)

Abbildung 46: Eine Musterseite, eigene Darstellung, Quelle: vgl. (Bauer, Rösger, & Neumann, 2004, S. 94) & Video 14: Das Konsumentenverhalten im Internet

Ein oft vergessener Aspekt bei der Webseitengestaltung ist die Erhöhung der Geschwindigkeit der Webseite und die einfache Interaktion für den Kunden. Der Webseitenbesucher sollte nicht immer in seiner Handlung unterbrochen werden. Nur so kann der Kunde in ein Flow-Erlebnis kommen und das Gefühl der Kontrolle über sein Kaufverhalten erhalten. (Bauer, Rösger, & Neumann, 2004, S. 123)

Im Internet halten sich Nutzer auf, die Inhalte selbst suchen. Sie sind ungeduldig. Der Wechsel einer Webseite ist mit wenig Aufwand verbunden. (Lachmann, 2002, S. 212)

Der Gamification-Begriff ist zurzeit in aller Munde. Der spielerische Umgang des Kunden mit einer Webseite verbessert auch die Werbewirkung: Eine Webseite sollte also ein Mindestmaß an Interaktivität besitzen. (Felser, 2015, S. 334) & (Lachmann, 2002, S. 211) Man sollte interaktive Elemente, wie z.B. Infografiken, Diagramme, Slider oder Navigations-Buttons in die Webseite integrieren.

Das Gesamturteil einer Webseite hängt laut einer Studie (Chen & Wells, 1999) von drei Faktoren in folgender Reihenfolge ab: (siehe auch Felser, 2015, S. 335)

1) Ein hoher Informationsgehalt der Webseite
2) Der Unterhaltungswert der Webseite
3) Die Organisiertheit der Webseite

Eine andere Studie nennt folgende Punkte für die Qualitätsbeurteilung einer Webseite in absteigender Wichtigkeit: (Bauer, Rösger, & Neumann, 2004, S. 210)

- Unterhaltung (emotionale Aktivierung)
- Betreuung des Kunden
- Transaktion (Sicherheit, Geschwindigkeit)
- Kommunikation mit dem Kunden
- Inhalte auf der Webseite (Informationsqualität)
- Gestaltung der Webseite (Benutzerfreundlichkeit)

Nachwort

Im Großem und Ganzen ist die Werbegestaltung ein Zusammenspiel aus einer Vielzahl von menschlicher Wahrnehmungsprozessen.

Bei dem Inhalt dieses Buchs habe ich nicht meine Meinung auf bestimmte Themen niedergeschrieben. Es sind wissenschaftlich fundierte Erkenntnisse, die auf zahlreichen Studien basieren. Über die Theorie braucht man nicht zu diskutieren. Es gibt in der Werbepsychologie als Teilbereich der Wirtschaftspsychologie keine Kompromisse.

Keine andere Wissenschaft wird die Zukunft so mitgestalten wie die Wirtschaftspsychologie. Das Change-Management, die Arbeits- und Organisationslehre, die Personalführung, die Marktforschung und zu guter Letzt die Werbe- und Konsumentenpsychologie erfreuen sich einer großen Beliebtheit.

Ich hoffe, das Buch und der Inhalt wurden ihren Vorstellungen gerecht. Sollte das der Fall sein, würde ich mich über eine positive Bewertung auf Amazon freuen. Gerade als unabhängiger Autor ohne Verlag ist man auf diese Hilfe angewiesen.

Bei weiteren Fragen können Sie mich auch gerne über meine Webseite kontaktieren. Sollte mich mein eventuelles Masterstudium nicht zu sehr einspannen, helfe ich Ihnen gerne weiter. In der Zwischenzeit hat sich sicherlich auch einiges bei YouTube und Social Media getan, sodass Sie dort immer die aktuellen Informationen finden.

Ich wünsche Ihnen weiterhin viel Erfolg und alles Gute!

M. Mittelstaedt

Wernigerode, Oktober 2019.

Literaturverzeichnis

Andrews, J. C., Akhter, S. H., Durvasula, S., & Muehling, D. D. (1992). The effects of advertising distinctiveness and message content involvement on cognitive and affective responses to advertising. Journal of Current Issues and Research in Advertising, 45-48.

Antonides, G., & van Raaij, W. F. (1998). Consumer Behaviour - A European Perspective. Chichester: Wiley.

Ariely, D. (2008). Denken hilft zwar, nützt aber nichts. München: Droemer.

Bauer, H., Rösger, J., & Neumann, M. (2004). Konsumentenverhalten im Internet. München: Vahlen.

Bauer, H., Stokburger, G., & Hammerschmidt, M. (2006). Marketing Performance. Wiesbaden: Gabler.

Bernard, M. (07. 03 2002). User Expectations for the Location of Web Objects. Proceedings of CHI, S. 171-172.

Bernhard, U. (1978). Blickverhalten und Gedächtnisleistung beim visuellen Werbekontakt unter bersonderer Berücksichtigung von Platzierungseinflüssen. Frankfurt/Main: Haag und Herchen.

Bitkom. (31. März 2011). in Statista. Von Haben Sie das Gefühl, von Informationen überflutet zu werden?: https://de.statista.com/statistik/daten/studie/182647/umfrage/reizueberflutung-durch-informationen-in-den-medien/ abgerufen

Bitkom Research. (18. 10 2019). bitkom.org (abgerugen von Statista).Von https://www.bitkom.org/sites/default/files/file/import/Bitkom-Pressekonferenz-Smartphone-Markt-22-02-2018-Praesentation-final.pdf abgerufen

Chen, Q., & Wells, W. D. (1999). Attitudes toward the site. Journal of Advertising Research, S. 27–38.

Esch, F.-R. (1998). Wirkung integrierter Kommunikation. Wiesbaden: Gabler.

Esch, F.-R. (2010). Strategie und Technik der Markenführung. München: Vahlen.

Felser, G. (2015). Werbe- und Konsumentenpsychologie. Berlin: Springer.

Foscht, T., Swoboda, B., & Schramm-Klein, H. (2015). Käuferverhalten Grundlagen-Perspektiven-Anwendungen. Wiesbaden: Springer.

Geffken, M., & Kalka, J. (2001). Anzeigen perfekt gestalten. Landsberg/Lesch: moderne industrie.

Häusel, H.-G. (2014). Neuromarketing. Freiburg: Haufe.

Heath, R. (2012). Seducing the subconscious. Wiley.

Heller, E. (1993). Wie Farben wirken, Farbpsychologie, Farbsymbolik, kreative Farbgestaltung. Reinbek: Rowohlt Taschenbuch.

Hopkins, C. (1966). Scientific Advertising. McGraw-Hill.

IfD Allensbach. (11. Juli 2019). Anzahl der Personen in Deutschland, die Texte ohne Bilder langweilig finden, von 2015 bis 2019 (in Millionen) . Von In Statista. Zugriff am 21. Oktober 2019: https://de.statista.com/statistik/daten/studie/26523 7/umfrage/medienkonsum-abneigung-gegen-texte-ohne-bilder/ abgerufen

Izard, C. E. (1999). Die Emotionen des Menschen: eine Einführung in die Grundlagen der Emotionspsychologie. Weinheim: BeltzPVU.

Joliet, H. (1991). Anzeigen wirksam gestalten, texten, platzieren. Landsberg/ Lesch: Verlag moderne Industrie.

Kahneman, D. (2012). Schnelles Denken, langsames Denken. München: Siedler Verlag.

Kover, A. J., Goldberg, S. M., & James, W. L. (1995). Creativity vs. effectiveness? An integrating classification for advertising. Journal of Advertising Research, S. 29-40.

Kroeber-Riel, W. (1996). Bildkommunikation, Imagerystrategien für die Werbung. München: Franz Vahlen.

Kroeber-Riel, W. (2003). Konsumentenverhalten. München: Vahlen.

Kuß, A., & Tomczak, T. (2007). Käuferverhalten. Stuttgart: Lucius & Lucius Verlagsgesellschaft mbH.

Lachmann, U. (2002). Wahrnehmung und Gestaltung von Werbung. Hamburg: Stern.

Leven, W. (1986). Blickregistrierung in der Werbeforschung. Issing: Mickash, H.D.; Haack, J. (Hrsg.).

Mehrabian, A. (1987). Räume des Alltags oder wie die Umwelt unser Verhalten bestimmt. Frankfurt/Main: Campus Verlag.

Meier, B. P., Robinson, M. D., & Clore, G. L. (2004). Why the good guys wear white. Automatic inferences about stimulus valance based on brightness. Psychological Science, S. 82-87.

Meyer-Hentschel Management Consulting. (1987). Insitut für Konsum- und Verhaltensforschung Universität des Saarlandes.

Meyer-Hentschel, M. C. (1993). Erfolgreiche Anzeigen. Kriterien und Beispiele zur Beurteilung und Gestaltung. Wiesbaden: Gabler.

Meyer-Hentschel, M. C. (1993). Erfolgreiche Anzeigen: Kriterien und Beispiele zur Beurteilung und Gestaltung. Wiesbaden: Gabler.

Mittelstaedt, M. (2019a). Marketing einfach erklärt. Wernigerode: Independently published.

Mittelstaedt, M. (2019b). Markenführung einfach erklärt. Wernigerode: Independently Published.

Mooradian, T. A., & Olver, J. M. (1996). Shopping motives and the Five Factor Model: An integration and preliminary study. Psychological Reports, S. 579-592.

Neumann, P. (2013). Handbuch der Markt- und Werbepsychologie. Bern: Hogrefe.

O'Shaughnessy, J. (1987). Why people buy. New York: Oxford University Press.

Ogilvy, D. (1984). Ogilvy über Werbung. Düsseldorf: Econ.

Puhalla, M. (2008). Perceiving hierarchy through intrinsic color structur. Visual Communication , 199-228.

Raab, G., & Unger, F. (2005). Marktpsychologie. Wiesbaden: Gabler.

Ruge, H.-D., & Andresen, T. B. (1994). Acht Barrieren für die strategische Bildkommunikation. In

Forschungsgruppe Konsum und Verhalten. München: Vahlen.

Scheier, C., Bayas-Linke, D., & Schneider, J. (2011). Codes. Die geheime Sprache der Produkte. Freiburg: Haufe.

Trommsdorff, V. (2009). Konsumentenverhalten. Stuttgart: Kohlhammer.

Trustpilot A/S. (9. 11 2019). Trustpilot.com. Von https://de.trustpilot.com/review/trustpilot.com?utm_medium=trustbox&utm_source=Slider abgerufen

von Keitz, B. (1998). Aktivierende TV-Spots setzen sich besser durch. planung & analyse, 42-44.

von Rosenstiel, L., & Kirsch, A. (1996). Psychologie der Werbung. Amberg: Komar.

Werler, H. (1993). Millionengrab Werbung. Stuttgart: Schäffer-Poeschel.

Wimmer, R.-M. (01. 02 1988). Absatzwirtschaft. Von Menschen sind Augentiere: https://printarchiv.absatzwirtschaft.de/Content/_p=1004692,an=028801036 abgerufen

Witt, D. (1977). Blickverhalten und Erinnerung bei emotionaler Anzeigenwerbung. Saarbrücken: Dissertation an der Universität des Saarlandes.

Über den Autor

Ich studiere seit 2016, nachdem ich erfolgreich eine kaufmänni-sche Lehre abgeschlossen habe, an der Hochschule Harz Wirt-schaftspsychologie und Marketing. Seitdem wurde mir klar, wie verbunden die Wirtschaftspsychologie mit dem Marketing ist. Es macht mir sehr viel Spaß, die Erkenntnisse aus den Vorlesungen direkt auf ein so praxisnahes Thema zu übertragen. Seit 2018 be-treibe ich einen YouTube Kanal über die Wirtschaftspsychologie und das Marketing.

Auf www.scientific-economics.com können Sie viele weitere Infor-mationen zu Themen u.a. aus der Wirtschaftspsychologie finden.

Bei weiteren Fragen einfach mal vorbeischauen. Alle Links und In-formationen findet man dort.
Vielen Dank für das Vertrauen in meine Arbeit. Ich wünsche Ihnen für Ihre Zukunft alles Gute!

©2019 Max Mittelstaedt
ISBN: 9781675753705 (Independently published)
Umschlaggestaltung, Illustration: D. Mazmanyan, Bild: © R. Sayfullin

<u>Jetzt auch auf Amazon erhältlich</u>

Marketing Management: Die Grundlagen des Marketing einfach erklärt.

Die Marketingtheorie findet über die Marketingmaßnahmen Anwendung in der Praxis. Marketing ist aber vielmehr als nur Produkte zu verkaufen, diese zu bewerben, eine Distribution aufzubauen und Preise festzulegen. Der gesamte Marketingprozess ist viel umfangreicher. Er besteht aus der Analyse, Planung, Durchführung und Kontrolle von Unternehmenstätigkeiten. Auch die Markenführung gliedert sich in diesen Marketingplan ein und besteht wiederrum aus mehreren strategischen und operativen Entscheidungen. Dieses Buch kombiniert die wichtigsten Erkenntnisse aus dem Marketing-Management und der Markenführung.

Im Buch finden Sie alles, was Sie über die Marketing Grundlagen und über die Markenführung wissen missen:

- Der Marketingplan
- Die Marketingstrategien
- Der Marketingmix
- Der Markenprozess
- Die Markenstrategien
- Die Markenpositionierung
- und vieles mehr!